实用汉语课本

第二册

PRAKTISCHES CHINESISCH

BAND Ⅱ

北京语言学院
刘 珣 邓恩明 刘社会 编著
李培元 审订

德文翻译：张人杰
德文审阅：Eckhard Berkenbusch

KOMMERZIELLER VERLAG
2001 Beijing

KOMMERZIELLER VERLAG
Wangfujing-Straße 36, Beijing, China
Satz: Druckerei des Beijinger
Spracheninstituts
Vertrieb: Chinesische Internationale
Buchhandelsgesellschaft
Chegongzhuang Xilu 35, Beijing, China
Postleitzahl 100044 Beijing, China
Postfach 399
Gedruckt in der Volksrepublik China

目　录
INHALTSVERZEICHNIS

3. 副词"又"、"也" Die Adverbien "又" und "也"

五、语音语调 Aussprache und Intonation

逻辑重音 Logischer Akzent

意群重音（8） Sinngruppen-Akzent (8)

第三十一课

一、课文

我们学了两年的中文了

（在飞机上）

古　波：请问，您是中国人吗？

老华侨：是啊，我是华侨，从美国来。你

们中国话说得不错，学了几年的中文了？

古　波：哪里，还差得远呢。我们学了两年中文了。

帕兰卡：您在美国很长时间了吧？

老华侨：我在美国已经四十多年了。

古　波：您常回中国吗？

老华侨：不，这是第二次。一九六五年我第一次回国，参观了工厂、农村和很多学校，在上海住了三个多月。

帕兰卡：您在美国作什么工作？

老华侨：在大学工作。我教书已经教了三

十多年了。

古　波：您家里还有人在北京吗？

老华侨：有。我弟弟、妹妹都在北京。他们正在为实现四个现代化努力工作。我这次回国看看，希望能为社会主义建设作一点事儿。

帕兰卡：古波，还有五分钟就要到北京了。

古　波：再见吧，老先生。

老华侨：再见，祝你们学习好，身体好。

帕兰卡：谢谢！

（在首都国际机场）

张华光：请问，你是古波同学吗？

古　波：对，我叫古波，她叫帕兰卡。我们要去北京语言学院学习。

张华光：太好了！我是北京语言学院的学生代表，我叫张华光。这位是赵同志。

赵同志：欢迎你们！路上辛苦了，你们坐了多长时间的飞机？

帕兰卡：坐了十几个小时。北京的天气真好。

赵同志：是啊，今天天气不错。手续

办了吗？

古　波：手续都办了。

赵同志：好，请大家上车吧。

生　词

1.	老	（形）	lǎo	alt
2.	华侨	（名）	huáqiáo	Überseechinese
3.	话	（名）	huà	Wort, Gespräch
4.	长	（形）	cháng	lang
5.	时间	（名）	shíjiān	Zeit
6.	已经	（副）	yǐjing	schon
7.	第	（词头）	dì	*Präfix bei Ordinalzahlen* wievielte
8.	次	（量）	cì	Mal
9.	学校	（名）	xuéxiào	Schule
10.	大学	（名）	dàxué	Universität, Hochschule
11.	实现	（动）	shíxiàn	verwirklichen
12.	现代化	（动）	xiàndàihuà	modernisieren
13.	希望	（动、名）	xīwàng	Hoffnung, Wunsch

14. 社会主义（名） shèhuìzhǔyì Sozialismus
15. 建设 （动、名） jiànshè aufbauen; Aufbau
16. 钟 （名） zhōng Uhr
17. 首都 （名） shǒudū Hauptstadt
18. 国际 （名） guójì international
19. 语言 （名） yǔyán Sprache
20. 同志 （名） tóngzhì Genosse
21. 路 （名） lù Weg, Straße
22. 辛苦 （形） xīnkǔ müde, ermüdend, anstrengend
23. 小时 （名） xiǎoshí Stunde
24. 天气 （名） tiānqì Wetter
25. 手续 （名） shǒuxù Formalität

专　名

1. 美国 Měiguó USA
2. 上海 Shànghǎi Shanghai
3. 首都国际机场 Shǒudū Guójì Jīchǎng der Internationale Flughafen der Hauptstadt
4. 北京语言学院 Běijīng Yǔyán Beijinger Spracheninstitut

Xuéyuàn

5. 张华光 Zhāng Huáguāng *Personenname*

6. 赵 Zhào *Nachname*

补 充 词

1. 录音 lù yīn Tonband aufnehmen
2. 一会儿（名）yíhuìr ein Moment
3. 开会 kāi huì Sitzung haben
4. 护照 （名）hùzhào Paß
5. 拉 （动）lā spielen (Instrument)
6. 小提琴（名）xiǎotíqín Geige
7. 不用 búyòng nicht brauchen

二、注 释

1. "你们中国话说得不错。"

"中国话"即"汉语"，在口语中常用来指汉语的口头形式。

"中国话" steht für "汉语". In der Umgangssprache meint man damit das gesprochene Chinesisch.

2. "哪里，还差得远呢。"

"Zuviel der Ehre!"

"还差得远呢"也是表示谦虚的用语。当别人对自己某方面的能力表示赞扬时，常常这样回答。

"还差得远呢" ist ebenfalls eine bescheidene Erwiderung auf ein Kompliment.

3. “不，这是第二次。”

“第”是表示数目顺序的词头，在数词前加“第”就表示序数。序数与名词连用时要有量词，如：“第一本书”、“第四个星期”、“第二次”、“第三十一课”。在有些情况下，数词本身也可以表示序数，“第”可以省略，如“四楼”、“四二三号”等。

“第”，vor einer Kardinalzahl macht sie zur Ordinalzahl. Zwischen die Zahl und das folgende Nomen muß dann aber ein Zähleinheitswort treten, z. B. “第一本书”，“第四个星期”，“第二次” und “第三十一课”. Manchmal kann auch die Kardinalzahl ohne Zusatz in ordinalem Sinne verwendet werden, wie in “四楼” oder “四二三号” usw.

4. “他们正在为实现四个现代化努力工作。”

“四个现代化”是农业现代化、工业现代化、国防现代化和科学技术现代化的简称。

“四个现代化” Abkürzung für “Modernisierung von Landwirtschaft, Industrie, Verteidigung, Wissenschaft und Technik”.

5. “还有五分钟就要到北京了。”

“Nur noch fünf Minuten bis wir in Beijing ankommen.”

“三分钟”、“一刻钟”、“两小时”等表示某一段时间，“两点四十分”、“三点一刻”、“四点”等表示时间上的某一点。

“三分钟”，“一刻钟” und “两小时” bezeichnen eine Zeitspanne, “两点四十分”，“三点一刻” oder “四点” dagegen einen Zeitpunkt.

6. “路上辛苦了。”

“Ihre Reise war sicher sehr anstrengend.”

“路上”在这里指的是在路途中。这句话常用来对远道而来的人表示问候。

“路上” bedeutet “unterwegs”. “路上辛苦了” dient als Begrüßung bei der Ankunft nach weiter Reise.

7. "你们坐了多长时间的飞机?"

"Wie lange hat der Flug gedauert?"

副词"多"常放在单音节形容词如"大、长、远、快"等的前边，用来询问程度。如:"你今年多大?""这条路多长?"

Das Adverb "多" steht oft vor einsilbigen Adjektiven wie "大", "长", "远" und "快", um nach Grad oder Ausmaß zu fragen, z. B. "你今年多大?" "这条路多长?"

三、替换与扩展

(一)

1. 下午你工作了吗?

我工作了。

你工作了几个小时?

我工作了三个小时。

锻炼，一个
玩儿，半个
复习，一个半
睡，　两个
参观，三个

2. 他在上海住了几个月?

他在上海住了三个月。

首都，两个月
农村，半个月
学校，一年
工厂，半年

3. 那位同志教书教了多长时间?

他教书教了三十多年。

访问,	中国,	两个多星期
坐,	车,	七个多小时
办,	手续,	十五分钟
钓,	鱼,	三个多小时
听,	录音*,	半天

4. 你学了几年(的)中文了?

我学了两年(的)中文了。

你学得真不错。

哪里,还差得远呢。

教,	语言课,	十五年
当,	翻译,	两年多
开,	车,	三十多年
研究,	中国文学,	四年

5. 他们跳舞跳了一个晚上吗？

他们没有跳一个晚上，

他们跳了半个多小时。

看电视，	一个下午，	十几分钟
听音乐，	一个上午，	一刻钟
踢足球，	一个多小时，	一会儿*
开会*，	两个小时，	一个多小时
谈话，	很长时间，	几分钟

6. 这本词典你要用很长时间吗？

我不要用很长时间，我要用三天。

那些杂志，	看，	两天
今天的练习，	作，	三刻钟
那些东西，	整理，	一个晚上
这本书，	翻译，	两个多月

（二）

1. 在海关办手续 Am Zoll (Zollformalitäten)

A：请让我看看您的护照*。

B：好。这是我的护照*。

A：您有几件行李？

B：两件。里边都是自己用的东西。

A：有烟、酒吗？

B：有几包 (bāo Schachtel) 烟，没有酒。

A：有要报关 (bàoguān beim Zoll angeben) 的东西吗？

B：没有。

2. 迎接 Begegnung am Flughafen

A：请问，您是从中国来的赵先生吗？

B：是的，我叫赵辛。您是——

A：我叫加里·谢里夫，是外语学院的代表。欢迎您到我们学院工作。

B：谢谢。认识您，我很高兴。

A：路上好吗？

B：很好。在地图上北京离这儿很远，可是我们坐了十多个小时的飞机就到了。

A：希望您在这儿过得很好。

B：谢谢您。

3. 谈计划　Pläne schmieden

A：你准备在中国学习几年？

B：我准备在中国学习三年。我希望能到北京大学中文系学习现代文学。

A：第一年你就去北（京）大（学）吗？

B：不。我想在语言学院学习半年汉语。我的口语不太好，我还要复习一下儿语法。

A：回国以后你就研究中国现代文学吗？

B：回国以后我还要念一年大学。

4. 遇见好久没见的人　Wiedertreffen nach langer Zeit

A：很长时间没见了，你去哪儿了？

B：我去天津（Tiānjīn Tianjin）了，在那儿住了半个多月。

A：去那儿开会*吗？

B：不，我去看一个朋友，他身体不太好。

* * *

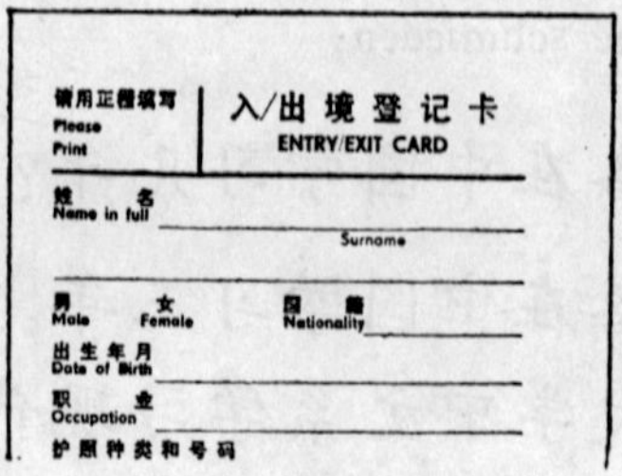

请用正楷填写
Please Print

入/出境登记卡
ENTRY/EXIT CARD

姓名
Name in full
Surname

男 女
Male Female

国籍
Nationality

出生年月
Date of Birth

职业
Occupation

护照种类和号码

四、阅读短文

不认识的朋友

在火车上，一个男孩子正在认真地拉*小提琴*。他拉*得非常好，大家都想知道他是谁的孩子。这时候，一位老同志问他："孩子，你叫什么名字？去哪儿？"

他回答说："我叫赵华，去北京考（kǎo

Prüfung machen) 音乐学校。”

“你学了多长时间的小提琴*了？”

“我学了六年了。”

“你家在哪儿？”

“我家在云南 (Yúnnán Provinz Yunnan)。”

“你跟谁一起去北京？”

“我一个人去。”

老同志看了看这个孩子，又问他：“你在北京有认识的人吗？”

“没有。”

“从云南到北京路很远，你爸爸妈妈应该送你去。”

“我爸爸是工人，妈妈是服务员。他们现在工作都很忙，没有时间送我。我今年已经十一岁了，不用*他们送。”

“好，很好！”老同志笑了。他想了想，又说：“我有个姐姐在北京，你到北京以后去找她吧。吃饭、住房子的事儿，她会帮助你。这是她的地址。”

“谢谢您！”

“不用谢。我要下 (xià aussteigen) 车了，我去给她打个电话。”停了停，他又说：“孩子，有志者事竟成，祝你一路平安，再见！”

“谢谢您，再见。”

那位老同志是谁？他是音乐学院的老师，一位有名的音乐家。

五、语　法

1. 时量补语　Ergänzung der Zeitangabe

时量补语是表示时间长度的补语。要说明一个动作或一种状态持续多长时间，就在动词后用时量补语。

Eine Ergänzung der Zeitangabe nach einem Verb zeigt die Dauer einer Aktion oder eines Zustands an.

名词或代词 Nomen oder Pronomen	动　词 Verb	助词 Partikel	表时间的数量词 ZW + ZEW als Zeitangabe	助词 Partikel
他	休息	了	一天。	

我	（每天）锻炼		一个小时。	
我们	（已经）分别		十年	了。

动词如果带有宾语，一般要重复动词，将时量补语放在重复的动词之后。

Ein Verb mit Objekt wird generell wiederholt, danach kann eine Zeitangabe stehen.

名词或代词 Nomen oder Pronomen	动词 Verb	名词或代词 Nomen oder Pronomen	动词（重复） Verb (wiederholt)	助词 Partikel	表时间的数量词 ZW + ZEW als Zeitangabe
我们	等	他	等	了	二十分钟。
教练	辅导	他们	辅导		两个小时。
她	打	电话	打	了	一刻钟。
哥哥	学	英文	学	了	两年。

如果宾语不是人称代词，时量补语还可以放在动词和宾语中间，时量补语和宾语之间可以加"的"。

Ist das Objekt ein nicht-personales Pronomen, kann die Zeitangabe (manchmal mit "的") auch zwischen Verb und Objekt stehen.

名词或代词 Nomen oder Pronomen	动词 Verb	助词 Partikel	表时间的数量词 ZW + ZEW als Zeitangabe	助词"的" Partikel"的"	名词 Nomen
我	念	了	四十分钟		法文。
他	上		三小时	的	口语课。
古波	学	了	三年	的	中文。
我	听		一刻钟		新闻。

当宾语比较复杂，或为了强调宾语时，也常把宾语提前，例如：

Zur Hervorhebung oder wenn das Objekt eine komplexe Struktur hat, kann das Objekt vor dem Satzsubjekt stehen, z. B.:

那条裙子她找了一个多小时。

今天的报你要看一个晚上吗？

这个很难的问题他想了两天。

这种带复杂宾语的句子，一般不采用前一种方法，不能说"她找了一个多小时的那条裙子。"

Sätze mit komplexem Objekt wie die oben haben gewöhnlich eine andere Wortfolge als wir sie bisher kennen. Es ist z. B.

falsch zu sagen "她找了一个多小时的那条裙子".

注意：带时量补语的句子，如果动词带动态助词"了"，句尾还有语气助词"了"则表示这个动作仍在继续进行。例如：

Wichtig: Enthält ein Satz mit Zeitangabe und Aspektpartikel "了" nach dem Verb am Ende die Modalpartikel "了", dann dauert die Aktion noch an. Z.B.:

我们学习了两年的中文了。（意思是现在还在学习 d. h. die Aktion "lernen" dauert noch an.）

我们学习了两年的中文。（未说明现在是否还在学习 d. h. es bleibt unausgesprochen, ob die Aktion "lernen" noch andauert oder nicht.）

2. 概数"几"和"多" "几" und "多" als Anzeiger ungefährer Zahlenangaben

用"几"可以表示十以下不确定的数目。如"几个人"、"十几个小时"、"几十个学生"。

"几" kann eine unspezifische Anzahl unter zehn anzeigen, wie in "几个人 (einige Leute)", "十几个小时 (gut zehn Stunden)" und "几十个学生 (einige dutzend Studenten)".

用"多"也能表示概数。"多"不能单独使用，必须放在整数之后表示零头：

"多" als Anzeiger ungefährer Zahlenangaben kann nicht allein stehen, sondern nur nach einer ganzen Zahl, um den Rest der Zahl anzuzeigen:

(1) 放在"十"、"百"等的数词后边，如："十多本书"、"三百多年"。

"多" kann nach "十" oder "百 (bǎi, hundert)" stehen,

wie in “十多本书 (über zehn Bücher)” und “三百多年 (mehr als drei Jahrhunderte)”.

(2) 代表个位数后的零头时，放在量词与名词之间，或带量词性的名词之后。如：“三个多月”、“一个多小时”、“一千多”、“一天多”。

“多” kann zwischen ZEW und Nomen oder nach einem ZEW den Rest einer ganzen Zahl bezeichnen, wie in “三个多月 (mehr als drei Monate)”, “一个多小时 (gut eine Stunde)”, “一千多 (über tausend)” und “一天多 (über einen Tag)”.

练 习

1. 读下列词组：Lesen Sie laut:

(1) 第一次　第二天　第十二个

第二十九课

(2) 三个多小时　两分多钟　一刻多钟

四个多星期　五个多月　两年多

一天多

十多位老师　二十多顶帽子

三十多个班　五十多张纸

二十几顶帽子　几十个学生

几瓶酒　十几位老师

(3) 吃饭的时候　这时候　有时候

什么时候

多长时间　很多时间　有时间

什么时间

(4) 为研究中国文学　为实现四个现代化

为建设自己的国家

2. 用动词和时量补语完成下列句子：Setzen Sie Verb und Zeitangabe ein:

(1) 昨天上午八点代表团开始参观飞机工厂，十一点三十分离开那儿，他们＿＿＿＿＿。

(2) 1937年那位老华侨去美国，现在他还在那儿教书，他已经＿＿＿＿＿。

(3) 她九点二十分开车，九点五十分到朋友家，她在路上＿＿＿＿＿。

(4) 一九七九年十月他开始写这本书，现在他已经＿＿＿＿＿。

(5) 帕兰卡和古波去年到北京，明年回国，他们__________。

(6) 我弟弟每天晚上九点半睡觉，第二天六点起床，他每天__________。

3. 用下列词组作带时量补语的句子：Bilden Sie mit folgenden Ausdrücken Sätze mit Zeitangabe:

例：吃饭

→他吃饭吃了二十分钟。

(1) 谈话　(2) 滑冰　(3) 照相

(4) 办手续　(5) 找同学　(6) 洗澡

例：听音乐

→她听了一刻钟的音乐。

(1) 念课文　(2) 看球赛　(3) 学英语

(4) 看京剧　(5) 买东西　(6) 坐火车

4. 根据下面的时间表口头回答问题，并把它写成一篇短文：Beantworten Sie die Fragen mündlich anhand des Zeitplans. Verfassen Sie dann einen zusammenfassenden Aufsatz:

6：10起床

6：10—6：40锻炼

6：40—7：15念课文

7：15—7：35吃早饭

7：35—7：55坐车去学校

8：00—12：00上课

12：00—12：30吃午饭

12：30—2：00休息

2：00—3：00听录音*

3：00—4：00看杂志

4：30—5：30踢足球

5：40—6：00坐车回家

6：00—6：30吃晚饭

7：30—9：30复习

9：30—10：00听新闻

10：30睡觉

(1) 你每天几点起床？起床以后锻炼多长时间？

(2) 你念课文吗？你念多长时间的课文？

(3) 你几点坐车去学校？路上坐车要坐多少分钟？

(4) 你们上午上几小时的课？

(5) 12点半以后你作什么？

(6) 下午你听多长时间的录音*？听录音*以后你还作什么？

(7) 每天下午你都踢足球吗？

(8) 你晚上几点复习？你复习几个小时？

(9) 晚上你还作什么？

(10) 你每天睡几个小时？

(11) 你已经学了多长时间的中文了？

(12) 第一本汉语书你学了几个月？

5. 将下列句子译成汉语：Übersetzen Sie:

(1) Letzten Herbst kam der Student zum ersten Mal aus dem Ausland zurück.

(2) Sein Besuch begann um 14 Uhr und dauerte zwei Stunden.

(3) Jede Woche studieren wir an sechs Tagen und haben

einen Tag frei.

(4) Manchmal sieht er abends eine halbe Stunde fern oder hört ungefähr 15 Minuten Nachrichten.

(5) Seit mehr als zwei Monaten übersetzt er diese Grammatik.

(6) Diesen Sommer bin ich nicht lange in Shanghai geblieben, ich war da nur einige Tage.

(7) Die chinesischen Studenten studieren im Ausland sehr fleißig, um sich für die vier Modernisierungen Chinas zu rüsten.

6. 看图会话：Bilder als Konversationsanlaß:

路上走了几天？

在中国住多长时间？

汉字笔顺表

1	华	化			華
		十			
2	侨	亻			僑
		乔	夭(丿夭)		
			川		
3	长				長
4	已	㇇	コ	已	
5	经	纟			經
		𢀖	ス(フ ス)		
			工		
6	第	⺮			
		弔			
7	次	冫			
		欠			
8	校	木			
		交	亠		
			八		
			乂		

9	实	宀		實
		头		
10	化			
11	希	乂		
		布	𠂇	
			巾	
12	望	亡月	亡	
			月	
		王		
13	社	礻		
		土		
14	主			
15	义	丿	乂 义	義
16	建			
17	设	讠		設
		殳		
18	钟	钅		鐘
		中		
19	首			

20	际	阝		際
		示		
21	言			
22	辛	立		
		十		
23	苦	艹		
		古		
24	手	丿 二 三 手		
25	续	纟		續
		卖	十	
			一	
			头	

INFO

Zwölf Tiernamen symbolisieren die Geburtsjahre

Wenn Ihnen ein Chinese sagt, wie alt er ist, wird er manchmal hinzufügen "Ich bin im Jahre des Pferdes geboren." oder "Ich bin im Jahre des Hasen geboren." Die Tiernamen "Pferd" und "Hase" symbolisieren bestimmte Geburtsjahre.

Es gab zwei besondere Zeitzyklen in China, die sogenannten Himmlischen Stämme und die Irdischen Zweige, die jahrhundertelang der Angabe von Jahr, Monat und Tag dienten. Die zehn Himmlischen Stämme sind: "甲，乙，丙，丁，戊，己，庚，辛，壬 und 癸". Die zwölf Irdischen Zweige sind: "子，丑，寅，卯，辰，巳，午，未，申，酉，戌 und 亥". Die zehn Himmlischen Stämme bilden mit den zwölf Irdischen Zweigen eine Reihe von zweisilbigen Ausdrücken zur Angabe von Jahr, Monat und Tag, z. B. "甲子","乙丑" usw. Nach diesem System ist 1981 das Jahr "辛酉".

Nach alter Tradition bezeichnen die Chinesen die zwölf Irdischen Zweige auch mit Tiernamen in festgelegter Reihenfolge. So hat jedes Jahr seinen Namen: 子鼠 (Ratte), 丑牛 (Ochse), 寅虎 (Tiger), 卯兔 (Hase), 辰龙 (Drache), 巳蛇 (Schlange), 午马 (Pferd), 未羊 (Schaf), 申猴 (Affe), 酉鸡 (Hahn), 戌狗 (Hund), 亥猪 (Schwein). Nach diesem System ist 1981 das Jahr des Hahns, und von Kindern, die 1981 geboren wurden, sagt man, sie seien im Jahre des Hahns geboren.

第三十二课

一、课　文

你最近透视过没有

古　波：小张，医务所在哪儿？

张华光：你去看病吗？

古　波：不，我去检查身体。我还没去过

医务所呢。

张华光：跟我走吧。来北京一个多星期了，

你们去过哪些地方了？

古　波：去过长城和北海。

张华光：看过中国电影吗？

古　波：在电视里看过几次电影。

张华光：今天晚上学校有电影，你去吗？

古　波：什么电影？

张华光：《大闹天宫》。这个电影真不错，我

已经看过两遍了。

古　波：还想看第三遍吗？今天晚上我们

一起去吧。

张华光：好。医务所到了，你在那儿拿一

张表，先到内科检查。

* * *

古　波：大夫您好！

大　夫：你好，请坐。你第一次来中国吗？

古　波：是啊。也是第一次来医务所。

大　夫：你以前得过什么病？

古　波：没有。——对了，我小时候得过肺炎，病了两个多星期。

大　夫：听听心脏，量一下儿血压吧。……

古　波：大夫，我的心脏和血压都正常吗？

大　夫：都很正常。你最近透视过没有？

古　波：去年二月透视过一次。

大　夫：时间太长了。请到对面房间透视一下儿吧。

古　波：透视以后就可以走了吗？

大　夫：不，还要检查一下儿眼睛、鼻子和耳朵。

古　波：我想这些都没问题。

大　夫：我也希望这样。

古　波：谢谢。我听过这样的话：爸爸妈妈给我生命，老师给我知识，大夫给我健康。

大　夫：这话很有意思。可是我希望你的健康不是大夫给的，要自己注意锻炼。祝你健康，再见！

生　词

1. 最近　（名）zuìjìn　in der letzten Zeit
2. 透视　（动）tòushì　röntgen

3.	过	(助)	guo	*Partikel*, schon
4.	医务所	(名)	yīwùsuǒ	Poliklinik
5.	看(病)	(动)	kàn(bìng)	besuchen (Arzt)
6.	病	(动、名)	bìng	krank sein; Krankheit
7.	检查	(动、名)	jiǎnchá	sich untersuchen lassen; untersuchen; Untersuchung
8.	地方	(名)	dìfang	Ort
9.	遍	(量)	biàn	*ZEW*, Mal
10.	拿	(动)	ná	nehmen
11.	表	(名)	biǎo	Formular
12.	先	(副)	xiān	zuerst
13.	内科	(名)	nèikē	Innere Abteilung
14.	以前	(名)	yǐqián	früher
15.	得(病)	(动)	dé(bìng)	erkranken
16.	肺炎	(名)	fèiyán	Lungenentzündung
	肺	(名)	fèi	Lunge
17.	心脏	(名)	xīnzàng	Herz
18.	量	(动)	liáng	messen
19.	血压	(名)	xuèyā	Blutdruck
	血	(名)	xuè	Blut
20.	正常	(形)	zhèngcháng	normal

21. 眼睛 (名) yǎnjing Auge

22. 鼻子 (名) bízi Nase

23. 耳朵 (名) ěrduo Ohr

24. 这样 (代) zhèyàng so

25. 生命 (名) shēngmìng Leben

26. 知识 (名) zhīshi Kenntnis, Wissen

专 名

1. 长城 Chángchéng die Große Mauer

2. 北海 Běihǎi Beihai Park

3. 《大闹天宫》 《Dànàotiāngōng》 "Der Affe bringt den Himmel in Unordnung"

补 充 词

1. 肝 (名) gān Leber

2. 填 (动) tián ausfüllen

3. 胃 (名) wèi Magen

4. 个子 (名) gèzi Statur

5. 头发 (名) tóufa Haar

6. 嘴 (名) zuǐ Mund

二、注　释

1. “小张，医务所在哪儿？”

“小张”是对张华光的一种亲切的称呼。按中国人的习惯，称呼比较熟悉的年轻的朋友，常在其姓前加上“小”，对中年以上的人，则加“老”，如“小丁”、“老王”等。对关系更密切的朋友或是对自己的爱人、兄弟姐妹以及晚辈，则可以直呼其名，如“华光”。

“小张” vertrauliche Form der Anrede “张华光”. Unter Chinesen ist es üblich, vor den Namen von jüngeren Freunden “小” zu setzen, bei älteren Freunden “老”. Enge Freunde und Familienmitglieder wie Mann, Frau, Bruder, Schwester oder überhaupt Mitglieder der jüngeren Generation nennt man beim Vornamen. Statt “张华光” würde man also “华光” sagen.

2. “来北京一个多星期了。”

“Seit unserer Ankunft in Beijing ist schon über eine Woche vergangen.”

有些动作如“来、去、到、离开、下课”等是不能持续的，如果要表示从这类动作发生到某时（或说话时）的一段时间，也可以用时量补语。动词带宾语时，时量补语必须放在宾语之后。例如：

Bestimmte Aktionen wie “来、去、到、离开、下课” können nicht andauern. Um jedoch die Zeitspanne zwischen Ereignis und Zeitpunkt des Sprechens anzugeben, kann auf ein Objekt (falls nach dem Verbal-Prädikat eins steht) eine Ergänzung der Zeitangabe folgen, z. B.:

他离开这儿已经一年多了。

下课已经五分钟了，他们还在练习说汉语呢。

3.《大闹天宫》

这是根据古典小说《西游记》中的情节改编的彩色动画片。《西游记》是十六世纪中国伟大作家吴承恩所写的一部神话小说。作者通过唐玄奘到西天取经的故事，用积极浪漫主义的手法塑造了孙悟空、猪八戒等中国人民家喻户晓的艺术形象。

"Der Affe bringt den Himmel in Unordnung" ist ein farbiger Zeichentrickfilm nach dem Mythologischen Roman "Die Pilgerfahrt nach dem Westen", geschrieben im 16. Jahrhundert von dem großen Chinesischen Schriftsteller Wu Chengen. Die Geschichte beschreibt die Pilgerreise Xuan Zang's, eines Mönchs in der Tang-Dynastie, der nach Indien reist, um buddhistische Schriften zu beschaffen. In positiver romantischer Manier kreierte der Autor Figuren wie den Affen, das Schwein und andere, die praktisch jedem in China bekannt sind.

4."还想看第三遍吗?"

副词"还"(3)可以表示动作将要重复，一般用在疑问句或带能愿动词的句中。如果有能愿动词，"还"放在能愿动词前，能愿动词后还可以用"再"。例如:

Das Adverb "还" (3) findet sich oft in optativen Fragesätzen und zeigt an, daß die Aktion noch einmal stattfinden wird. Das Adverb "还" steht gewöhnlich vor dem optativen Verb, dem "再" folgen kann. Z.B.

这个电影你还看吗?

我还想再看一遍。

5. “医务所到了。”

“Da wären wir! (in der Klinik)”

6. “对了，我小时候得过肺炎。”

“对了”在这里表示忽然想起了什么，在口语中常用来更正或补充自己前边说的话。

Hier bezeichnet “对了” einen Gedankenblitz. Oft wird so eine vorherige Aussage korrigiert oder ergänzt.

“小时候”一般指童年时期。

“小时候” verweist auf die Kindheit.

7. “我想，这些都没问题。”

这里的“没问题”就是“正常”的意思。口语里“没问题”常表示一种肯定、有把握的语气。如：

“没问题”, bedeutet hier “normal” oder “alles klar” und zeigt Sicherheit oder Zutrauen an, z. B.:

明天你能来吗？

没问题，我一定来。

8. “可是，我希望你的健康不是大夫给的。”

“Aber ich hoffe wirklich, du verdankst deine Gesundheit nicht deinem Arzt!”

三、替换与扩展

(一)

1. 你知道《大闹天宫》吗？

我知道，我看过这个电影。

茅台酒，	喝，茅台酒
鲁迅，	看，他的书
老师的地址，	去，他家
“有志者事竟成”，	学，这个成语

2. 他看过京剧吗？

他没有看过京剧。

研究，	语言
学，	古典文学
翻译，	这些生词
走，	这条路
开，	车
拿，	这儿的报

3. 最近你去过北海吗？

我去过。

你去过几次北海？

我去过一次北海。

得，	病
看，	内科
量，	血压
看，	眼睛
检查，	肝*

4. 你以前访问过那位老作家没有？

我访问过那位老作家。

你访问过他几次？

我访问过他两次。

见，那位华侨
找，张大夫
问，王老师
帮助，你同学

5. 这课汉字你写过几遍了？

我写过两遍了，

我要再写一遍。

课文（课），	念
书（本），	看
歌儿（个），	听
电影（个），	看

6. 他们请他作什么？

他们请他介绍一下儿长城。

回答，	那个问题
教，	游泳
唱，	那个民歌
停，	车
填*，	那张表

（二）

1. 问候 Begrüßung

A：你爸爸最近身体怎么样？

B：谢谢你，他心脏还不太好。

A：血压正常吗？

B：不知道，最近没有量过。

* * *

A：你的胃*怎么样？最近好点儿吗？

B：好点儿了，谢谢你。你检查过鼻子吗？

A：检查了，没问题。

B：那太好了。

2. 谈个人的经历 Erfahrungsaustausch

A：我朋友格林（Gélín）先生很愿意来你们学院工作。他希望在外语系工作一年。

B：格林先生以前作过什么工作？

A：他在大学教过语言课，最近几年在研究英语语法。对了，他还教过华侨学生英语。

B：谢谢您的介绍，我们再研究(yánjiū diskutieren, erwägen)一下儿，以后告诉您。

* * *

A：你看过《家》这本书吗？

B：看过。这是中国有名的作家巴金(Bājīn)先生写的。

A：这本书太好了。我以前看过一遍，现在我研究中国现代文学，想再看一遍。

3. 谈曾经发生的事 Gespräch über Vergangenes

A：你去哪儿了？

B：我进城了。有事儿吗？

A：张华光来找过你两次，你都不在。

B：啊，真糟糕(zāogāo Was für ein Pech!)！星期三我给他打过电话，让他今天来，可是我忘了这事儿了。

* * *

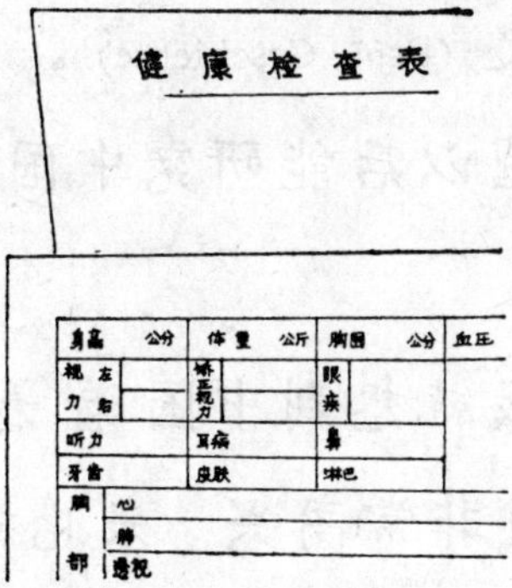

四、阅读短文

一位留学生的作文 (zuòwén Aufsatz) 我是加拿大 (Jiānádà Kanada) 留学生，以前没来过中国，这是第一次。在加拿大我学过三年中文。开始的时候，我常常到一家华侨餐厅吃饭，认识了一位华侨朋友，他教我说中国话。我每星期还到中文系听两次课。我的朋友们常跟我说，中文非常难，让我别学了。可是，我很喜欢中文。在学校里，我认识了一些中国留学生，他们常常帮助我，所以我进步很快。学了两年多的中文以后，我开始看中文画报和杂志，了解了一些中国的文化和历史 (lìshǐ Geschichte)，我更喜欢中文了。我希望以后能研究中国医学 (yīxué Medizin)。

很早以前我就想到中国看看。现在能在中国学习，我非常高兴。来北京快两个星期了，我又认识了不少中国朋友。我的同屋 (tóngwū Zimmerkollege) 是个中国同学，他的个子* 不太大，身体很好，头发* 和眼睛都很黑 (hēi dunkel)。他已经学了两年的法语了。现在我们常常互相帮助，他是我的好朋友。

学校里每星期有两次中国电影。我已经看过三次了。今天晚上有一个新电影，我同屋说要跟我一起去看。

五、语 法

1. 动态助词"过"表示过去的经历 Die Aspektpartikel "过" als Anzeiger von Erfahrung

动态助词"过"放在动词后边，说明某种动作曾在过去发生，

常用来强调有过这种经历。例如:

Die Aspektpartikel “过” unmittelbar nach dem Verb zeigt an, daß eine Aktion in der Vergangenheit stattgefunden hat. Oft wird so Erfahrung ausgedrückt. Noch einige Beispiele:

他去过日本。

我小时候学过一点儿法文，现在都忘了。

这个字应该这样写，老师教过我们。

我朋友足球踢得很好，他参加过比赛。

否定式是“没(有)…过”。例如:

Die negative Form von “过” ist “没(有)…过”, z.B.:

我没有看过那个电影。

这本词典很新，还没有用过。

他走了以后没给我来过信。

帕兰卡没离开过妈妈。

正反疑问式是“…过…没有”。例如:

Die Oder-Nicht-Frage mit “过” ist “…过…没有”, z. B.:

你检查过身体没有？

你以前跳过舞没有？

这个成语你学过没有？

注意：Wichtig:

（1）“过”必须紧跟着动词。如果有宾语，宾语一定要放在“过”之后，不能说“我检查身体过”。

“过” muß unmittelbar nach dem Verb stehen und immer vor dem Objekt (falls vorhanden). Daher ist es z. B. falsch zu sagen “我检查身体过”.

（2）在连动句里要表示过去的经历，“过”一般放在第二个动词之后。如：

In einem Satz mit mehreren Verben in Kombination steht “过” als Anzeiger von Erfahrung gewöhnlich nach dem zweiten Verb, z. B.:

他去医务所量过血压。

我用法文写过信。

2. 动量补语 Die Ergänzung der Frequenzangabe

动量词“次”、“遍”等常和数词结合，放在动词后边，作为动量补语，说明这个动作发生的次数。“遍”除了表示次数以外，还有强调自始至终全过程的意思。例如：

Die Frequenzangaben “次” und “遍” verbinden sich oft mit einem Zahlwort und stehen nach dem Verb. “遍” bezeichnet nicht nur die Häufigkeit, sondern auch den ganzen Prozeß einer Aktion von Anfang bis Ende, z.B.:

我去年透视过一次。

今天的练习我又检查了两遍。

动词的宾语如果是名词，动量补语一般放在宾语之前；如果是代词，一般放在宾语之后。

Ist das Objekt ein Nomen, dann geht ihm die Frequenzangabe voraus. Ist das Objekt ein Pronomen, steht die Frequenzangabe oft danach.

名词或代词 Nomen oder Pronomen	动词 Verb	助词 Partikel	代　词 Pronomen	数词和动量词 ZW + Frequenzangabe	名　词 Nomen
他	量	过		一次	血压。
我们	听	了		一遍	新闻。
我	找	过	他	几次。	
大夫	来	过	这儿	两次。	

动量补语“一下儿”除了有时表示具体的动量外，常用来表示动作经历的时间短或表示轻松随便，其作用相当于动词重叠。例如：

Außer auf die Frequenz kann “一下儿” auch auf die Beiläufigkeit oder Kürze einer Aktion verweisen. Seine Funktion ähnelt einer Verdoppelung des Verbs, z.B.:

我给你们介绍一下儿。

要量一下儿血压吗？

请你帮助我一下儿。

练　习

1. 读下列词组：Lesen Sie laut:

(1) 这样写　　这样翻译　这样唱

这样的学生　这样的病　这样的知识

(2) 检查身体　检查眼睛　检查行李

检查汉字　检查课文　检查练习

(3) 到过长城　来过中国　看过内科

得过很多病　　见过那位老先生

访问过老华侨　打过一次电话

告诉过他几遍　辅导过他一次

开过五年车　　听过很多遍

参加过一次招待会

2. 用否定式回答下列问句，然后把它改成正反问句：Antworten Sie negativ. Formen Sie dann die Fragen in Oder-Nicht-Fragen um:

例：你研究过民歌吗？

→我没研究过民歌。

你研究过民歌没有？

(1) 他得过肺炎吗?

(2) 你检查过心脏吗?

(3) 你访问过那位老华侨吗?

(4) 古波拿过那本中国画报吗?

(5) 你听过王老师的语法课吗?

(6) 大夫的话你告诉过他吗?

(7) 他给你回过信吗?

(8) 北京队赢过国家队吗?

3. 将"次、遍、下儿"填入下列句中: Setzen Sie "次", "遍" oder "下儿" ein:

(1) 请你再说一______。

(2) 大夫说我的血压不正常，明天还要来量一______。

(3) 今天的汉字老师让我们写两______。

(4) 他最近进了两______城。

(5) 这个问题很难，请让我想一______。

(6) 我现在没有时间，你能等一______吗?

(7) 他们跟工人队比赛，赢过一______，也输过一______。

4. 用下列词语进行对话，然后把它写下来：Bilden Sie Dialoge mit folgenden Ausdrücken. Schreiben Sie dann die Dialoge nieder:

(1) 去过　参观过　访问过　看过　了解过

(2) 得过　检查过　听过　量过

5. 分组作游戏：Gruppenspiel:

A说出下面的一个器官名称，B必须很快地用手指出自己身上的部位。如果指错了或动作慢了就算输。

Person A nennt die Körperteile. Person B muß sofort auf die jeweiligen Körperteile zeigen. Fehler oder Zögern gibt Minuspunkte.

鼻子　眼睛

耳朵　嘴*

汉字笔顺表

1	最	曰	
		取	耳（一 ㄏ 丌 爫 ㄱ 耳）
			又

2	近	斤		
		辶		
3	透	秀	禾	
			乃	
		辶		
4	医	匚		醫
		矢		
5	病	疒（丶 亠 广 疒 疒）		
		丙	一	
			内（丨 冂 内 内）	
6	检	木		檢
		佥	人	
			一	
			业（丶 丷 丷 业）	
7	查	木		
		曰		
		一		
8	方			
9	遍	扁	户	

			册（丨 冂 冂 冊 册）	
		辶		
10	拿	合		
		手		
11	内			
12	科	禾		
		斗（丶 ⺀ ⺀ 斗）		
13	肺	月		
		市	一	
			巾	
14	炎	火		
		火		
15	脏	月		臟
		庄	广	
			土	
16	量	曰		
		一		
		里		
17	血	丿		

		皿		
18	压	厂		壓
		圡（土 圡）		
19	眼	目		
		艮		
20	睛	目		
		青		
21	鼻	自		
		田		
		廾（一 ナ 廾）		
22	耳			
23	朵	几		
		木		
24	命	人		
		一		
		叩	口	
			卩	

第三十三课

一、课　文

现在下雨了

帕兰卡：四点多了，李老师不来了吧？

古　波：听，有人敲门，李老师来了。

李老师：古波在吗？

古　波：在，请进。

李老师：啊，帕兰卡也在这儿。你们好！

帕兰卡：您好，请坐。李老师，请您喝杯咖啡吧？

李老师：谢谢。今天天气很好，你们没到公园玩儿玩儿吗？

古　波：上午去颐和园了。

李老师：香山去过吗？

帕兰卡：还没去过。那儿怎么样？

李老师：香山的红叶很漂亮。现在是秋天了，树上的叶子都红了，可以看红叶了。

古　波：我们一定去。以前有人告诉我，

北京夏天很热，到北京以后，我觉得不太热。

李老师：这几年天气不正常。你知道吗？北京的秋天天气最好，可是今年秋天也常常下雨。你们看，今天上午是晴天，现在下雨了。

古　波：北京冬天冷不冷？

李老师：冬天很冷，常常刮风、下雪。

帕兰卡：在中国冬天有什么花儿？

李老师：很多地方有梅花。在大风大雪的天气，梅花不怕风，不怕雪，开得很好，所以大家都喜欢梅花。从古时候到今天，文学家为梅花写了不少诗。

古　波：您教我们一首，好吗？

李老师：这样的诗很多。我给你们念一首吧，是陈毅的《红梅》：

隆冬到来时，百花迹已绝。

红梅不屈服，树树立风雪。

帕兰卡：这首诗真好，请您再介绍一首。

李老师：时间不早了，雨也停了，我们以后再介绍吧。古波，这是你要的那本语法书。

古　波：谢谢您。您再坐坐吧。

李老师：不坐了，我还有点事儿，再见！

帕兰卡：希望您常来，再见！

生　词

1.	下(雨)	(动)	xià(yǔ)	regnen
2.	雨	(名)	yǔ	Regen
3.	敲	(动)	qiāo	anklopfen
4.	公园	(名)	gōngyuán	Park
5.	红叶	(名)	hóngyè	Herbstlaub, rote Blätter
6.	树	(名)	shù	Baum
7.	叶子	(名)	yèzi	Blatt
8.	热	(形)	rè	heiß
9.	觉得	(动)	juéde	finden, fühlen
10.	最	(副)	zuì	*Adverb, zur Bildung des Superlativs*
11.	晴	(形)	qíng	heiter (Wetter)
12.	冷	(形)	lěng	kalt
13.	刮(风)	(动)	guā(fēng)	wehen
14.	风	(名)	fēng	Wind
15.	雪	(名)	xuě	Schnee

16. 梅花 （名）méihuā Pflaumenblüte

17. 怕 （动）pà Angst haben

18. 开（花儿）

（动）kāi（huār） (er)blühen

19. 古 （形）gǔ klassisch

20. 诗 （名）shī Gedicht

21. 首 （量）shǒu *ZEW*

22. 隆冬 （名）lóngdōng tiefer Winter, harter Winter

23. 百 （数）bǎi hundert

24. 迹 （名）jī Spur

25. 绝 （动、副）jué verschwinden; absolut

26. 屈服 （动）qūfú sich ergeben

27. 立 （动）lì stehen, aufstellen

专 名

1. 颐和园 Yíhéyuán Sommerpalast

2. 香山 Xiāngshān Duftberg (Park)

3. 陈毅 Chén Yì *Personenname*

补 充 词

1. 雾 （名）wù Nebel

2. 凉快　(形) liángkuai　angenehm kühl

3. 春天　(名) chūntiān　Frühling

4. 预报　(动) yùbào　vorhersagen

5. 阴天　(名) yīntiān　trübes Wetter

6. 度　(量) dù　Grad

7. 习惯　(动、名) xíguàn　gewohnt sein; Gewohnheit

8. 暖和　(形) nuǎnhuo　(schön) warm

二、注　释

1. “这几年天气不正常。”

“这几年”的意思是最近几年。还可以说“这几天”、“这几个月”、“这几个星期”等。

“这几年” bedeutet “in den letzten paar Jahren”. Entsprechend “这几天 (in den letzten Tagen)”, “这几个月 (in den letzten Monaten)” und “这几个星期 (in den letzten Wochen)” usw.

2. “北京的秋天天气最好。”

副词“最”常用在形容词或动词前表示比较的最高级。

Das Adverb “最” vor Adjektiven oder Verben drückt den Superlativ aus.

3. “我给你们念一首吧，是陈毅的《红梅》。”

陈毅元帅（1901—1972）四川省乐至县人。生前任中华人民共和国国务院副总理兼外交部长。他不仅是一位政治家、军事家、外交家，也是一位有名的诗人。他的诗收在《陈毅诗稿》和《陈毅诗词选》中。

Marschall Chen Yi (1901-1972), geboren im Kreis Lezhi,

Provinz Sichuan, war Vize-Premier und Außenminister der VR China. Er war nicht nur ein Staatsmann, Stratege und Diplomat, sondern auch ein bekannter Dichter. Zu seinen Werken gehören z. B. “Chen Yis Gedichte im Manuskript” und “Ausgewählte Gedichte von Chen Yi”.

4. “隆冬到来时”

“Wenn der harte Winter kommt”

“到来”就是“到”的意思。

“到来” bedeutet “ankommen”.

5. “百花迹已绝”

“Die Blumen sind verschwunden.”

“已”就是“已经”。这是书面语。

Das schriftsprachliche “已” bedeutet dasselbe wie “已经”.

6. “红梅不屈服”

“Die roten Pflaumenblüten trotzen dem Frost.”

7. “树树立风雪”

“Jeder Baum steht fest und trotzt den Schneestürmen.”

“树树”是每棵树的意思。量词或一部分名词如“人、年、天”等重叠后，有“每”的意思，如“个个”（每个）、“本本”（每本）、“人人”（每人）、“家家”（每家）。

“树树” bedeutet hier “jeder Baum”. Wird ein ZEW oder Nomen wie “人”, “年” und “天” wiederholt, ist die Bedeutung “jeder”. Daher sind “个个” und “每个” (jeder), “本本” und “每本” (jeder Band), “人人” und “每人” (jeder), “家家” und “每家” (jeder Haushalt) in ihrer Bedeutung jeweils identisch.

三、替换与扩展

(一)

1. 刮风了吗?

是啊,我来的时候天气很好,现在刮风了。

下雨
下雪
下雾*

2. 雨小了吗?

没有,雨还很大。

风,	大,	很小
雪,	停,	很大
叶子,	红,	很绿
天气,	凉快*,	很热
他的病,	好,	不太好
这间屋子,	旧,	很新

3. 你去过香山吗?

没有。

现在是秋天了,可以去香山看红叶了。

北海,	冬天,	滑冰
颐和园,	夏天,	游泳
那个公园,	春天*,	看花

4. 现在几点了？

十一点了，（应）该睡觉了。

六点半，	起床
七点五十五，	上课
九点多，	出发
十二点一刻，	吃饭
五点，	休息

5. 他告诉我，他今天要去学校。

不，他有事儿，他不去了。

检查，	身体
量，	血压
参加，	球赛
辅导，	你们

6. 李老师在吗？

在。什么事儿？

有人找您。

好，我就来。

敲，	门
来看，	您
在等，	您
问，	问题

7. 下午你们从几点到几点上课？

我们从两点到三点上课。

工作，	1:30，	5:30
锻炼，	5:00，	6:00
参观，	1:00，	4:30
赛球，	3:00，	5:00

（二）

谈天气 Gespräch über das Wetter

A：今天天气真好。我希望星期天也是晴天。

B：天气预报* 说明天是阴天，星期天要下雪。

A：是吗？星期天我们不能去颐和园了。

B：下雪的时候，颐和园更漂亮。你应该去照几张相。

* * *

A：今天真冷。

B：是啊，零 (líng Null) 下十度*了。明天怎么样？你听天气预报*了吗？

A：明天要刮大风。

B：那就会更冷。你要多穿点儿，注意身体。

A：谢谢你。

* * *

A：不下雨了吧？

B：还在下呢。你再坐一会儿*吧。

A：四点钟有人找我，现在已经三点半了，我该走了。

B：再等一等，……你看，现在雨小了，快要停了。

* * *

A：这儿的夏天你习惯*吗？

B：开始我觉得太热，现在已经习惯*了。

A：你们那儿天气怎么样？

B：我们那儿夏天不太热，最热的时候三十度*。

A：冬天冷不冷？

B：冬天很冷。

A：常常下雪吗？

B：常下雪。可是去年天气很不正常，冬天没有下过雪。

*　　　*　　　*

四、阅读短文

北京的天气

北京一年有四个季节 (jìjié Jahreszeit)：春

天*、夏天、秋天和冬天。

北京的冬天时间最长。冬天天气很冷，常常刮风，有时候下雪。最冷的时候到过零(líng Null)下二十二度*。第一年帕兰卡很不习惯*，得过一次感冒(gǎnmào Erkältung)。北京人很喜欢滑冰，冬天在北海滑冰很有意思。

北京的春天很暖和*。这时候树绿了，花儿开了，公园里人也多了。春天时间不太长，这儿很少下雨，有时候刮大风。

从六月到八月是北京的夏天，夏天天气不太热。最热的时候是七月，七月、八月常常下雨。夏天的颐和园是大家常去的地方，很多人去那儿游泳、钓鱼。

九月，北京的秋天到了。秋天是北京最好的季节，天天都是晴天，不冷也不热，非常凉快*。十一月到了，香山的树叶都红了，大家都喜欢去看红叶。很多外国朋友都在这时候到北京来参观。

五、语　法

1. 无主句　Der subjektlose Satz

汉语的句子绝大部分都具有主语和谓语两部分。也有一些句子只有谓语没有主语，叫无主句。这里介绍两种常见的无主句：

Chinesische Sätze enthalten in ihrer großen Mehrheit Subjekt und Prädikat. Es gibt aber auch einige Satztypen ohne Subjekt. Die gängigsten sind folgende:

（1）说明自然现象的无主句，如：

Subjektlose Sätze zur Beschreibung natürlicher Phänomene, z.B.:

要刮风了。

下雨呢。

（2）用“有”起头的无主语兼语句，如：

Subjektlose Scharnier-Sätze mit “有” am Anfang, z.B.:

有人请他看京剧。

听，有人在唱歌儿。

上午有两个人来找你。

有人给他打了一个电话。

2. 语气助词“了”(3)　Die Modalpartikel “了” (3)

语气助词“了”也可以表示情况的变化，“了”的这种用法常出现在形容词谓语句里。例如：

In Sätzen mit Adjektiv-Prädikat kann die Modalpartikel "了" eine Veränderung der Umstände anzeigen, z. B.:

现在天气冷了。(以前不冷)

最近我不太忙了。(以前很忙)

树上的叶子都红了。(以前不红)

雨大了。(以前不大)

名词谓语句里也常用"了"表示新情况的出现。例如:

In Sätzen mit Nominal-Prädikat dient "了" ebenfalls der Anzeige, daß neue Umstände aufgetaucht sind, z. B.:

现在四点了,我们去锻炼吧。

她今年二十一(岁)了。

动词谓语句中的语气助词"了",一般肯定某件事或某种情况已经发生,有时候也可以表示情况的变化。例如:

In Sätzen mit Verbal-Prädikat kann "了" festhalten, daß etwas stattgefunden hat oder bestimmte Umstände eingetreten sind. Manchmal verweist diese Modalpartikel auch auf eine Veränderung der Umstände, z.B.

他现在是大学生了。(以前不是大学生)

我明天不去学校了。(原来想去学校)

我弟弟会游泳了。(以前不会)

他有工作了。(以前没有)

3. "从……到……" Die Konstruktion "从…到…"

"从……到……"结构中，可以嵌入处所词语或时间词语，表示空间或时间上的距离。如：

In der Konstruktion "从…到" können nach "从" und "到" Ortsangaben oder Zeitangaben zur Angabe von räumlicher oder zeitlicher Distanz stehen, z. B.:

从这儿到医务所不太远。

他从1977年到1979年在北京大学学习。

练 习

1. 读下列词组：Lesen Sie laut:

(1) 刮大风　下大雨　下大雪　下小雨

有大风　有大雨　有大雪　有小雨

有风　有小雪

(2) 很热　很长　很怕

很希望　很注意　很辛苦

更热　更长　更怕

更希望　更注意　更辛苦

最热　最长　最怕

最希望　最注意　最辛苦

(3) 觉得冷　觉得远　　觉得很忙

觉得难　觉得很对　觉得很好看

2. 完成下列句子：Vervollständigen Sie:

(1) 车来了，______。

(2) 上课了，______。

(3) 时间到了，______。

(4) 休息了，______。

(5) 吃饭了，______。

(6) 已经十一点了，______。

(7) 下雪了，______。

(8) 晴天了，______。

3. 根据课文回答下列问题：Beantworten Sie die Fragen zum Text:

(1) 帕兰卡请李老师喝什么了？

(2) 秋天的时候，香山公园怎么样？

(3) 北京最好的天气是什么时候？

(4) 为什么大家都很喜欢梅花？

(5) 你能给大家介绍一下儿陈毅的《红梅》诗吗？

4. 将下列句子翻译成汉语（用上括号里的词）：Übersetzen Sie. Verwenden Sie dabei die Wörter in Klammern:

(1) Es war schönes Wetter, als ich von zu Hause wegging. Aber jetzt ist es windig geworden, und es wird gleich regnen. （了）

(2) Jemand hat mir erzählt, daß es überall in China Pflaumenblüte gäbe und daß sie sehr schön anzusehen seien. （有人）

(3) Es wird warm genug, daß man schwimmen gehen kann. Hättest du Lust dazu? （了）

(4) Heute nachmittag werde ich beschäftigt sein, denn ein Freund von mir kommt mich besuchen. （有一个朋友）

(5) Seit einigen Tagen ist es sehr windig. （天天）

(6) Er hat nichts gegen kaltes Wetter, aber Hitze verträgt er nicht. （怕）

(7) Früher arbeitete er als Dolmetscher, aber jetzt ist er Lehrer. （了）

(8) Mir scheint, der Sommer ist die beste Jahreszeit hier. （觉得）

(9) Kann ich das Buch noch eine Woche behalten? （再）

(10) Wegen seiner Krankheit konnte er seit letztem Montag nicht zur Schule kommen. （从星期一到今天）

5. 选择适当的句子填入图下边的括号里：Schreiben Sie zu jedem Bild einen Satz:

外边下雨呢　下雨了　雨大了

要下雨了　不下了

（　　　）

（　　　）

（　　　）

（　　　）

（　　　）

6. 说说你们国家的天气：Sagen Sie etwas über das Wetter in Ihrer Heimat:

汉字笔顺表

1	雨	一 丆 冂 币 帀 雨 雨 雨	
2	敲	高	
		攴	卜
			又

3	叶	口	葉
		十	
4	树	木	樹
		又	
		寸	
5	晴	日	
		青	
6	冷	冫	
		令（人 亽 今 令）	
7	刮	舌（丿 舌）	颳
		刂	
8	风	几（丿 几）	風
		乂	
9	雪	雨	
		彐	
10	梅	木	
		每	
11	怕	忄	
		白	

12	诗	讠		詩
		寺		
13	隆	阝		
		夅	夂	
			一	
			生	
14	百	一		
		白		
15	迹	亦（丶 亠 广 亣 亦 亦）		
		辶		
16	绝	纟		絶
		色	⺈	
			巴	
17	屈	尸		
		出		
18	立			

INFO

Chinas Klima

Chinas Nord-Süd-Ausdehnung beträgt über 5 500 km. Von

der kalten Zone üben dem 49. Breitengrad erstreckt es sich über gemäßigte bis in subtropische Zonen. Über 90% des Landes liegen allerdings in den gemäßigten Breiten. Wenn Sie im Januar von Guangzhou (Canton) nach Norden reisen, kommen Sie an einem Tag durch verschiedene Klimazonen. Bei Abfahrt mag die Temperatur bei 13,2° liegen. Schon in Wuhan wird sie auf 3,9° gesunken sein, in Beijing dann auf 4,6° unter Null, und Harbin im Nordosten kann es 20,9° unter Null sein. Von Guangzhou, wo man in einer leichten Jacke herumlaufen kann, bis Harbin, wo man Pelzkleidung braucht, beträgt der Temperaturunterschied mehr als 30° Celsius.

第三十四课

一、课文

图片上写着："怎样写信封？"

下了一上午的雨，下午天晴了。

帕兰卡跟丁云分别的时候，丁云跟她说过：到北京以后一定要去家里看看。今天，她给丁云的妈妈写了一封信，问他们什么时间有空儿，她想去看他们。古波也要给南京的朋友寄一封信，他们一起去邮局。

六点多了，邮局的门还开着呢。邮局里人很多，有的坐着写信，有的等着寄东西。他们到了一个窗口前边。那儿挂着一个牌子，牌子上写着“邮票·挂号”；柜台里放着很多漂亮的邮票和明信片。帕兰卡跟营业员说：“同志，我想买几张明信片。”营业员热情地回答：“有，这儿有介绍北京的。请看，天安门、北海、颐和园、香山……。我想您一定很喜欢。”帕兰卡笑着说：“对，就要这些。我想让家里人也看看北京。”

古波拿着他的信跟营业员说："我要寄航空挂号信。"营业员看了看信封说："寄本市的信没有航空的。"古波大声地说："不，这不是寄本市的，是寄南京的。"营业员又看了看古波的信封，她笑了；帕兰卡一看，也笑了。她们为什么笑呢？古波的信封，上边写着他自己的地址和姓名，下边写着收信人的地址、姓名。营业员指着墙上的图片说："中国的信封应该这样写。"

怎样写信封　？

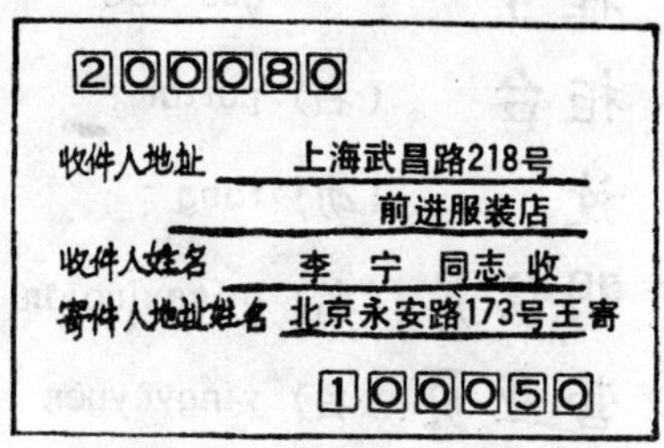

古波一看，图片上写着："怎样写信封？"……

生　词

1. 图片　（名）túpiàn　Bild, Foto

2.	着	(助)	zhe	*Partikel*
3.	信封	(名)	xìnfēng	Briefumschlag
4.	封	(量)	fēng	*ZEW*
5.	寄	(动)	jì	(ab)schicken
6.	邮局	(名)	yóujú	Postamt
7.	有的	(代)	yǒude	manche
8.	窗口	(名)	chuāngkǒu	Schalter
9.	挂	(动)	guà	(auf)hängen
10.	牌子	(名)	páizi	Schild
11.	邮票	(名)	yóupiào	Briefmarke
12.	挂号		guà hào	einschreiben (Brief)
13.	柜台	(名)	guìtái	Tresen, Schalter
14.	放	(动)	fàng	legen, stellen
15.	明信片	(名)	míngxìnpiàn	Postkarte
16.	营业员	(名)	yíngyèyuán	Verkäufer, Angestellter
	营业	(动)	yíngyè	geöffnet sein (Laden)
17.	地	(助)	de	*Partikel*
18.	航空	(名)	hángkōng	Luftpost
19.	本(市)	(代)	běn(shì)	diese (Stadt), örtlich
20.	市	(名)	shì	Stadt
21.	大声	(形)	dàshēng	laut

22. 为什么 wèi shénme warum

23. 姓名 （名） xìngmíng Name

24. 下边 （名） xiàbiān unter; unten

25. 收 （动） shōu aufnehmen

26. 指 （动） zhǐ zeigen

27. 墙 （名） qiáng Wand

专　名

1. 南京 Nánjīng Nanjing (Stadt)

2. 天安门 Tiān'ānmén Tienanmen (Tor des Himmlischen Friedens)

补　充　词

1. 灯 （名） dēng Lampe, Licht

2. 收音机 （名） shōuyīnjī Radio

3. 信箱 （名） xìnxiāng Briefkasten, Postfach

4. 平信 （名） píngxìn Normalpost

5. 收据 （名） shōujù Quittung

6. 包裹 （名） bāoguǒ Paket, Päckchen

7. 单 （名） dān Zettel, Formular

8. 电报 （名） diànbào Telegramm

二、注　释

1．“怎样写信封？”

这里的“怎样”就是“怎么样”的意思。“怎样”更多用于书面语。

“怎样” Bedeutung hier gleich “怎么样”, Schriftsprache.

2．“就要这些。”

“就”（3）用来表示强调。“就”的这一用法常表示肯定客观事实或强调事实正是如此。如：“这就是天安门。”

“就”（3）bekräftigt nachdrücklich, daß eine Aussage wahr ist, z. B. “这就是天安门”。

3．“我想让家里人也看看北京。”

“家里人”指自己的亲属。

“家里人” bezieht sich auf die Mitglieder der eigenen Familie.

4．“我要寄航空挂号信。”

“Ich möchte diesen Brief als Einschreiben per Luftpost schicken.”

5．“寄本市的信没有航空的。”

“Briefe im Ortsverkehr gehen nicht per Luftpost.”

6．“帕兰卡一看，也笑了。”

“Als Palanka draufschaute, lachte sie auch.”

某些动词前边加“一”，表示动作一发生立即产生某种结果或出现某种情况。如：“我一看，雨已经停了。”

“一” vor bestimmten Verben zeigt an, daß irgendetwas unmittelbar aus einer Aktion resultiert oder ein Zustand unmittelbar eintritt, z. B. “我一看，雨已经停了。”

7．“下边写着收信人的地址、姓名。”

“收信人”的意思是收这封信的人。同样也可以说“寄信人”（指寄这封信的人）。

"收信人" bedeutet Adressat, "寄信人" Absender.

三、替换与扩展

(一)

1. 他拿着什么?

他拿着一封信。

穿, 新衬衫
指, 一张图片
看, 花儿
敲, 桌子

2. 学校的门开着没有?

学校的门没开着。

车门	客厅里的电视
厨房里的灯*	房间里的收音机*

3. 窗口前边挂着什么?

窗口前边挂着一个牌子。

柜台里, 放, 很多信封
桌子上, 放, 酒和菜
箱子里, 放, 几件衬衫

客厅里，	挂，	一张照片
墙上，	挂，	中国地图
床下，	放，	一双鞋

4. 图片上写着汉字没有？

图片上没有写着汉字，写着英文。

那张明信片	信封
那个牌子	本子

5. 他们在作什么呢？

他们坐着写信呢。

笑着，	谈话
站着，	打电话
等着，	买电影票
看着书，	回答问题
喝着咖啡，	听音乐

6. 邮局里人多不多？

邮局里人很多，有的坐着写信，有的等着寄东西。

览阅室，	站着找画报，	坐着看杂志
食堂，	坐着吃饭，	站着买菜
公园，	在游泳，	在钓鱼
医务所，	在看病，	在检查身体

（二）

1. 寄信 Brief aufgeben

A：请问，哪儿有信箱*？

B：看，对面银行旁边挂着一个。

A：谢谢你。

*　　　　*　　　　*

A：请问，到埃及（Āijí Ägypten）的信要多少天？

B：你寄平信*还是寄航空信？

A：航空信。

B：要一个星期。

A：我要挂号。

……

B：这是挂号收据*，请收好。

2. 寄包裹 Paket schicken

A：同志，我要寄一个包裹*。

B：里边装 (zhuāng halten) 着什么？

A：一顶帽子和两条裙子。

B：这是包裹单*，您到那儿坐着写吧。

A：好。

3. 打电报 Telegraphieren

A：请问，打国际电报*在几号窗口？

B：在五号窗口。

……

A：同志，请给我一张电报*纸。

谢谢。可以打英文电报吗？

C：可以，请写得清楚 (qīngchu klar) 点儿。

A：您看，这样可以吗？

C：下边还要写您的姓名和地址。

A：啊，我忘了。

* * *

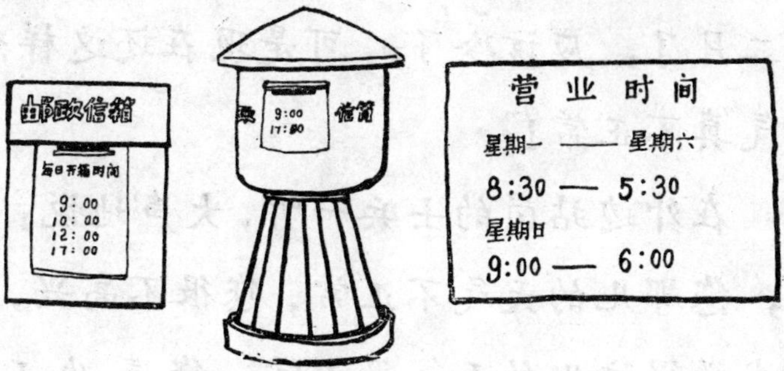

四、阅读短文

士兵和将军

古时候，有一年冬天，天气非常冷。一天晚上，刮着大风，下着大雪。路上已经没有人了，可是有一个士兵 (shìbīng Soldat) 正在外边站岗 (zhàn gǎng Wache stehen)。从下午到现在他还没有吃一点儿东西。他穿得不多，在风雪里站着，觉得非常冷。

这时候，就在离他不远的客厅里，将军 (jiāngjūn Armeegeneral) 正在喝酒呢。客厅里生着火 (shēng zhe huǒ Feuer anzünden)，将军喝了很多酒，觉得非常热。他很不高兴地说："已经十二月了，应该冷了，可是现在还这样热，天气真不正常！"

在外边站岗的士兵一听，大声地说："将军，您那儿的天气不正常，您很不高兴，可是我觉得这儿的天气很正常。您喜欢正常的天气，请您也到外边站一站吧。"

五、语　法

1. 动作的持续 Der progressive Aspekt einer Aktion

动态助词"着"加在动词后边表示动作状态的持续，例如：

Die Aspektpartikel "着" nach einem Verb bezeichnet eine andauernde Aktion, z.B.:

孩子们都在椅子上坐着。

他拿着一张表去找大夫。

墙上挂着几张照片。

牌子上写着"请不要吸烟"。

否定形式用"没(有)…着"。例如：

Die Verneinungsform dieses Satzmusters ist "没(有)…着", z.B.:

这个信封上没有写着寄信人的名字。

他写汉字的时候，没看着书。

正反疑问句用"…着…没有"。例如：

In einer Oder-Nicht-Frage wird "…着…没有" verwandt, z.B.:

电视开着没有?

楼上住着人没有?

连动句中的第一个动词或动词结构可以带动态助词"着"，用来说明后面的动词所代表的动作或行为的方式。

In einem Satz mit mehreren Verben in Kombination kann nach dem ersten Verb/Verbstruktur die Aspektpartikel "着" die Art und Weise angeben, in der die Aktion des folgenden Verbs stattfindet oder ausgeübt wird.

名词或代词 Nomen oder Pronomen	动词(1) Verb(1)	动态助词"着" Aspekt-partikel "着"	名词或代词 Nomen oder Pronomen	动词(2) Verb(2)	名词或代词 Nomen oder Pronomen
他	开	着	车	去	香山。
学生们	看	着	课文	回答	问题。
他朋友	穿	着	新裙子	参加	招待会。

注意：Wichtig:

（1）动作的持续一般也就意味着动作正在进行，所以“着”常和“正在、正、在、呢”等词连用。例如：

Die Fortsetzung einer Aktiou impliziert gewöhnlich, daß die Aktion andauert. Daher ist “着” oft von Wörtern wie“正在”，“正”，“在”，“呢” begleitet, z.B.:

邮局的门还开着呢。

他敲门的时候，我正打着电话呢。

外边下着雨呢。

（2）带“着”的动词后边不能再带任何补语。（不能说：“他写着汉字写十分钟。”）

Verben mit “着” verbinden sich nicht mit Ergäzungen. (Z. B. ist es falsch zu sagen “他写着汉字写十分钟”。)

2．结构助词“地” Die Strukturpartikel “地”

双音节或多音节形容词作状语修饰动词时，状语后边一般要用结构助词“地”。例如：

Dient ein zwei- oder mehrsilbiges Adjektiv als Adverbialbestimmung des Verbs, folgt ihm gewöhnlich die Strukturpartikel “地”, z.B.:

他高兴地说：“这个问题我懂了。”

这个工厂的工人为了实现四个现代化努力地工作。

上课的时候古波注意地听，下课以后

他认真地复习。

注意：形容词既可以作补语说明动词，也可以作状语修饰动词。两者在用法上还是有区别的：

Wichtig: Ein Adjektiv kann als Verbergänzung oder als Adverbialbestimmung dienen. Diese zwei Verwendungsarten sind unterschiedlich:

（1）程度补语多用来说明动作的实际情况；状语则常常强调施动者主观上以什么方式或态度行动。例如：

Eine Gradergänzung bezieht sich gewöhnlich auf die Aktion, eine Adverbialbestimmung dagegen darauf, wie der Handelnde agiert, Z.B.:

他汉语听得不多，他应该多听汉语。

（不说“他应该听汉语听得多”。）

古波复习课文复习得很认真，我也要认真地复习。（不说“我也要复习得很认真”。）

（2）程度补语多用来说明已发生的或经常发生的动作；状语还可以说明尚未发生的动作。例如：

Eine Gradergänzung betrifft meistens eine Aktion, die bereits stattgefunden hat oder häufig stattfindet; eine Adverbialbestimmung kann sich dagegen auf eine Aktion, die noch nicht stattgefunden hat, beziehen, Z.B.:

他每天都来得很晚。老师让他明天早点儿来。

我以前学过游泳，但是游得不好。今年夏天可以很好地学一学。

3. “有的…有的…” Die Konstruktion “有的…有的…”

代词“有的”作定语时，常指它所修饰的名词的一部分，可以单用，也可以两三个连用。例如：

Das Pronomen “有的” in attributiver Funktion bezieht sich auf ein Nomen, aber nur teilweise. In einem Satz kann es ein-’ zwei- oder dreimal auftreten, Z.B.:

有的字我还不知道怎么样写。

有的柜台里放着裙子，有的柜台里放着衬衫。

我们班有(的)人喜欢看京剧，有(的)人喜欢看电影，有(的)人喜欢听音乐。

上例“有的人”可省去“的”

Im obigen Beispiel kann das Wort “的” in “有的人” wegfallen.

“有的”所修饰的名词如果在前边已出现过，可以省略。例如：

Das durch “有的” modifizierte Nomen kann wegfallen, wenn es vorher bereits aufgetaucht ist, Z.B.:

小张的邮票很多，有的是中国的，有的是外国的。

注意：名词前边用“有的”修饰以后，一般不要再放在动词后边。不能说“我不喜欢有的民歌”，应该说“有的民歌我不喜欢”。

Wichtig: Ein durch “有的” modifiziertes Nomen kann gewöhnlich nicht nach einem Verb stehen. Statt “我不喜欢有的民歌” müßte man sagen “有的民歌我不喜欢”.

练　习

1. 读下列词组：Lesen Sie laut:

(1) 坐着写　站着看　笑着说　走着去

(2) 指着那儿问　看着图片说

喝着咖啡谈　拿着行李去

(3) 注意地听　大声地唱　认真地研究

难过地说　高兴地问　热情地回答

2. 用适当的动词加助词“着”填空：Setzen Sie jeweils ein Vollverb plus die Partikel “着” ein:

(1) 那边墙上______什么？

(2) 车上没______葡萄酒。

(3) 宿舍的门______呢，他不在里边，去哪儿了？

(4) 帕兰卡______一束鲜花去看朋友。

(5) 她今天______一件绿衬衫。

(6) 李老师喜欢＿＿＿给我们上课。

(7) 古波＿＿＿说："我要那张邮票。"

(8) 在大风大雪的天气，梅花还＿＿＿。

3. 用"有的…"填空：Setzen Sie "有的…" ein:

(1) 客厅里＿＿＿坐着喝茶，＿＿＿站着谈话。

(2) 桌子上的书很多，＿＿＿是中文的，＿＿＿是英文的。

(3) 我们班下午去参观，可是＿＿＿不想去。

(4) 我们星期天常去外边玩儿，＿＿＿去天安门，＿＿＿去颐和园。

4. 将下列句子翻译成汉语：Übersetzen Sie:

(1) Immer wenn ich zur Post gehe, bedient mich der Beamte sehr herzlich.（热情地）

(2) Das Kind weinte und sagte: "Ich will nicht zur Schule gehen."（哭着）

(3) Weißt du, wie man Eßstäbchen benutzt?（怎么样）

(4) Eine Menge Leute stehen am Bankschalter Schlange.（站着）

(5) Nach gründlicher Untersuchung sagte der Arzt lächelnd: "Herz und Blutdruck sind normal."(笑着)

(6) Er fand das Lied sehr schön, sobald er es hörte.(一听)

(7) Schau her, so muß das Schriftzeichen geschrieben werden.(这样)

(8) Warum magst du Pflaumenblüten so gern?(为什么)

5.复述下面的笑话:Erzählen Sie den Witz nach!

有一个小姑娘到邮局寄信。营业员说:"你的信太重(zhòng schwer)了,应该再贴(tiē aufkleben)一张邮票。"小姑娘惊奇(jīngqí überrascht)地问:"为什么?再贴一张邮票,信就更重了!"

6.看图进行问答:Fragen Sie nach diesen Bildern und antworten Sie:

7.阅读下面一段文字,然后根据实际情况写一写你住的房间,尽量用上带"着"的动词。Lesen Sie und verfassen Sie dann eine Beschreibung Ihres Zimmers . Verwenden Sie möglichst oft die Partikel “着”:

这个房间住着我一个人，是我的卧室，也是我的书房。

房间里边放着一张床，床对面的墙上挂着一张中国画儿 (huàr Bild)，上边画着梅花，旁边还写着陈毅的《红梅》诗。

我的窗户 (chuānghu Fenster) 前边放着一张桌子，两把 (bǎ ZEW) 椅子。桌子上边放着我常看的书和一个小电视。上午，我喜欢在窗户前边站着念课文，晚上我在椅子上坐着看电视。

这个房间不大，可是我觉得很好。

汉字笔顺表

1	着	𦍌	丷
			𡗗
		目	
2	封	圭	土

			土	
		寸		
3	寄	宀		
		大		
		可		
4	邮	由（丨 冂 冃 冉 由）		郵
		阝		
5	局	尸		
		可（丁 可）		
6	窗	穴		
		囱	白（丿 白）	
			夕	
7	挂	扌		
		圭		
8	牌	片		
		卑		
9	柜	木		櫃
		巨（一 コ 巨）		
10	营	艹		營

		冖		
		口		
		口		
11	业	丨 〢 〣 业 业		業
12	航	舟（′ 丿 ⺆ 月 舟 舟）		
		亢	亠	
			几	
13	市	亠		
		巾		
14	声	士		聲
		尸		
15	收	丩		
		攵		
16	指	扌		
		旨	匕	
			日	
17	墙	土		牆
		啬	㐭（一 十 土 亠 㐭）	
			回	

第三十五课

复习

一、课文

谈学习

时间过得真快，古波和帕兰卡到北京快一个月了。帕兰卡怕妈妈不放心，已经给家里写过三次信，还寄了一些照片。妈妈

也给她来过两封信。

到北京语言学院的第三天，他们就参加了一次考试。这次考试，有的同学考得非常好，有的差一点儿。他们俩的成绩都不错。李老师说，他们先在语言学院学习一学期汉语，以后再到北京大学学习专业。

古波总觉得自己的口语不太好，这半年要更多地练习听和说。现在，他每天下午都跟他的好朋友张华光说一个小时的汉语。小张是外语系英语专业的学生，他在这儿已经学了一年多了。他进步很快，现在可以跟古波用英语谈话了。今天，他问古波："你在你们国家学习中文的时候，怎么样练习口语呢？”古波说：“来中国以前，我说中国话的机会也很少。有一个中国留学生叫丁云，她非常热情地帮助我们。上课的时候，中国老师总是让我们多说、多念。可是你知道，每学期我们上课的时间不太多。夏天到了放暑假；冬天来了放寒假。在假期里我没有时间复习。小张一听，觉得很奇怪：“你们的假期很长，为什么不能复习复习学过的东西呢？”古波笑着回答：“你没到过我们国家，不了解那儿的情况。我们的暑假很长，可是我常常利用假期工作，挣点儿钱，开学以后用。现在好了，在这儿说汉语的机会多了，以后我们互相帮助吧。”

古波和小张正在宿舍里谈着话，帕兰卡来了。她着急地问："已经六点多了，你们还坐着说话，不吃饭了吗？"古波一看表，啊，真太晚了。他们一起去食堂吃饭。

生 词

1.	考试	（动、名）	kǎoshì	Prüfung haben; Prüfung
	考	（动）	kǎo	prüfen
2.	成绩	（名）	chéngjī	Leistung
3.	学期	（名）	xuéqī	Semester
4.	专业	（名）	zhuānyè	Fach(richtung)
5.	机会	（名）	jīhuì	Gelegenheit
6.	放（假）	（动）	fàng(jià)	Ferien haben
7.	暑假	（名）	shǔjià	Sommerferien
8.	寒假	（名）	hánjià	Winterferien
9.	假期	（名）	jiàqī	Ferien
10.	奇怪	（形）	qíguài	erstaunt
11.	情况	（名）	qíngkuàng	Situation
12.	利用	（动）	lìyòng	ausnutzen

13. 挣 (动) zhèng verdienen

14. 钱 (名) qián Geld

15. 开学 kāi xué neues Semester beginnen

16. 着急 zháo jí ungeduldig

17. 表 (名) biǎo (Armband) Uhr

二、注　释

1. “古波和帕兰卡到北京快一个月了。”

“Bald ist es ein Monat, seitdem Gubo und Palanka nach Beijing kamen.”

2. “到北京语言学院的第三天”

“am dritten Tag nach ihrem Einzug ins Beijinger Spracheninstitut”

3. “他们先在语言学院学习一学期汉语，以后再到北京大学学习专业。”

副词“再”(2) 可以表示一个动作发生在另一个动作结束之后(前一个动词的前边有时加上副词“先”)，或者发生在某一情况或时间之后。如：“雨停了你再走吧。”“现在还早，我们八点钟再去。”

Das Adverb “再”(2) kann anzeigen, daß eine Aktion nach Abschluß einer anderen Aktion (das Adverb “先” steht manchmal vor dem vorausgehenden Verb) oder nach einem bestimmten Ereignis oder einem bestimmten Zeitpunkt stattfindet. Z.B. “雨停了你再走吧。”“现在还早，我们八点钟再去。”

根据中国的教育制度，每学年分两个学期。大学的第一学期一般九月初开学。第二学期一般是下一年的二月开学。

Nach dem chinesischen Bildungssystem ist ein Studienjahr

in zwei Semester eingeteilt. An Universitäten beginnt das erste Semester Anfang September, das zweite im Februar des folgenden Jahres.

三、看图会话

1. 谈过去的经历 Gespräch über vergangene Erlebnisse

学过… 来过… 看过…

2. 描述持续的动作或状态 Beschreibung von andauernden Handlungen, Zuständen

坐着… 拿着… 放着… 拿着…

3. 谈动作或某一状态持续的时间 Gespräch über die Dauer von Handlungen, Zuständen

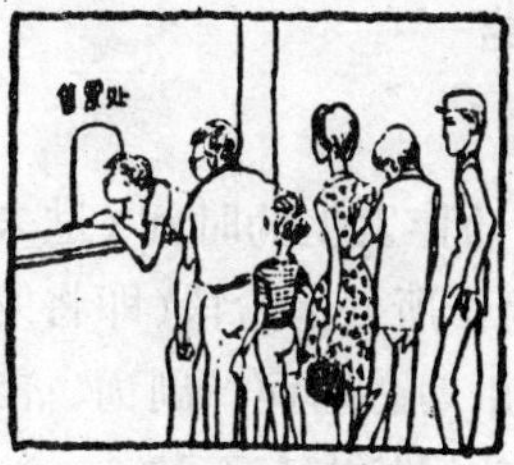

等了……　　　　工作了……

来了……　　　　住了……

4. 表示情况的变化　Hinweis auf veränderte Bedingungen

绿了……　　　　……了

开了……　　　　不……了

5. 描述动作　Beschreibung einer Handlung

着急地　　　　热情地

四、语法小结

1. 动词的态　Die Verbaspekte

汉语动词没有时态的词形变化。动作发生的时间（过去、现在或将来）是用时间词语来表示的；动作所处的阶段（即将发生、进行、持续、完成或过去的经历）是用动态助词、副词、能愿动词及语气助词来表示的。我们学过的动词的态有五种。

Chinesische Verben werden nicht konjugiert. Tempora (Vergangenheit, Gegenwart, Zukunft) werden durch Temporalwörter angezeigt. Die verschiedenen Aspekte einer Aktion (bevorstehend, aktuell, andauernd, abgeschlossen oder zurückliegend) werden durch Aspektpartikeln, Adverbien, optative Verben oder Modalpartikeln ausgedrückt. Bisher sind uns fünf Aspektarten begegnet.

(1) 动作即将发生，可以用“要…了”、“快要…了”或“就要…了”来表示，例如：

“要…了”，“快要…了”oder“就要…了”zeigen gewöhnlich eine bevorstehende Aktion an, z.B.:

飞机就要起飞了。

快要放寒假了。

二月十二号就要考试了。

他的理想要实现了。

(2) 动作的进行，可以用“正在”、“正”、“在”或“正在…呢”表示，例如：

“正在”,“正”,“在”oder“正在…呢”bezeichnet eine aktuelle stattfindende Aktion, z.B.:

我正在看电视呢。

现在梅花正开着呢。

我去的时候，有人在打电话呢。

我念那首诗呢。

（3）动作或状态的持续，可以用“着”表示。否定式是“没有…着”，例如：

“着” bezeichnet eine andauernde Aktion. Die negative Form ist “没有…着”, z.B.:

邮局的门还开着呢。

下午咖啡馆里坐着很多人。

孩子们唱着歌儿回家。

行李上没有写着他的名字。

（4）动作的完成，可以用“了”表示。否定式是“没有…”，例如：

“了” bezeichnet eine abgeschlossene Aktion. Die negative Form ist “没有…”, z.B.:

电影开始了吗？

你们开学了吗？

今天的报我已经看了。

那封信你寄了没有？

（5）过去的经历用“过”表示。否定式是“没有…过”，例如：

"过" verweist auf zurückliegende Ereignisse. Die negative Form ist "没有…过", z.B.:

我还没有去过医务所呢。

他以前当过营业员。

你学过什么专业?

我没有用中文写过诗。

2. 状语和结构助词"地" Adverbialbestimmungen und die Strukturpartikel "地"

(1) 副词作状语，一般不带"地"，例如：

In Adverbialbestimmungen braucht dem Adverb gewöhnlich kein "地" zu folgen, z.B.:

我也得过肺炎。

他们常常利用假期工作。

(2) 形容词作状语，单音节形容词一般不带"地"，双音节形容词一般要用"地"。形容词前又带状语时，要用"地"，例如：

Nach einsilbigen Adjektiven in adverbialer Funktion steht gewöhnlich kein "地", jedoch nach zweisilbigen "地" ist immer einem als Adverb fungierenden Adjektiv beigefügt, dem aber selbst eine Adverbialbestimmung vorausgeht. Z.B.:

学习外语要多说、多听。

代表们认真地了解了这个大学的情况。

他希望以后能更好地研究中国文化。

（3）表时间的名词作状语，后边不用"地"，例如：

Einem Nomen als Zeitangabe in adverbialer Funktion wird kein "地" beigefügt, z.B.:

老师晚上辅导我们。

你们几号放假？

（4）介词结构作状语，后边不用"地"，例如：

Einer Präpositional-Konstruktion in adverbialer Funkion folgt kein "地", z.B:

我给家里人寄了很多照片。

让我们为加深两国人民的了解作更多的工作。

3. 副词"再"、"还" Die Adverbien "再" und "还"

"再"

（1）表示动作或情况将要继续或重复，例如：

"再" zeigt an, daß eine Aktion andauern oder wieder stattfinden wird, z.B.:

请再吃点儿吧？

您再坐一会儿吧。

再过两个星期就要开学了。

请你再念一遍。

他明天不再去了。

（2）表示动作将在某一时间以后发生，例如：

“再” zeigt auch an, daß eine Aktion nach einem bestimmten Zeitpunkt oder einer Zeitspanne stattfinden wird, z.B.:

他们先在这儿学习一学期，以后再到北京大学学习专业。

你吃了饭再走吧。

注意：上述“再”的两种用法，都是尚未实现的动作。

Wichtig: Die obigen Beispiele für zwei Verwendungsweisen von “再” bezeichnen Aktionen, die noch nicht stattgefunden haben.

“还”

（1）表示有所补充或范围扩大，例如：

“还” kann “daneben”, “außerdem” u. a. bedeuten, z.B.:

阅览室有中文杂志、中文报，还有七本汉语词典。

假期里我想复习复习语法，还要看几本中文书。

（2）表示动作或状态的继续，例如：

“还” bezeichnet auch das Andauern einer Aktion oder eines Zustandes, z.B.:

还早呢，我们等一会儿再走。

快十二点了，他还没有睡呢。

（3）表示动作将要重复（一般是在疑问句或带能愿动词的句中），例如：

"还" kann auch anzeigen, daß eine Aktion wiederholt werden wird (zumeist in Fragesätzen oder Sätzen mit optativen Verben), z.B.:

这个电影你还想看第三遍吗？

明天你还去颐和园吗？

练　习

1. 在空白处填上一个字，组成词或词组：Bilden Sie durch Zusatz von Wörtern neue Wörter oder Ausdrücke:

天：___天，___天，___天，___天，

___天，___天，___天，___天

学：学___，___学___，___学，___

学，___学，学___，学___

文：___文，___文，___文，___文，

文___，文___

假：___假，___假，___假，假___

语：___语，___语，___语，___语，

___语，语___，___语，语___

饭：___饭，___饭，___饭，___饭

2．选择适当的词，扩展下列句子（注意助词“地”的使用）：
Erweitern Sie die Sätze mit folgenden Wörtern und verwenden Sie dabei, wo notwendig, die Partikel “地”：

认真　高兴　更多　热情　大声　着急

(1) 服务员问我们要什么。

(2) 大夫检查他的心脏。

(3) 帕兰卡问古波：“妈妈的信呢？快给我！”

(4) 他告诉我，这次他的考试成绩很好。

(5) 王老师让他念课文。

(6) 最近她身体不太好，要参加锻炼。

3．从括号里选一个适当的词填空：Setzen Sie das richtige Wort ein:

(1) 昨天我吃了饭_____去医务所了。（再　就）

(2) 我们_____上一个月的课就放暑假了。（还　再）

(3) 外边____下雪吗？（还　再）

(4) 时间还早，你休息一下儿____去吧。（再　就）

(5) 这张明信片很好，我____想买一些。（再　还）

(6) 这些练习很难，我想____检查一遍。（又　再）

(7) 已经十二点了，谁____在唱歌？（再　还）

(8) 这个词我____忘了。（再　又）

(9) 明天____刮风吗？（还　再）

(10) 他____要在这儿学习两年。（再　还）

4. 将下列句子翻译成汉语：Übersetzen Sie:

(1) Heute trägt er ein neues Paar Schuhe.

(2) Dieser Beamte arbeitete früher in jenem Postamt.

(3) Wenn Sie dies Gedicht studiert haben, werden Sie etwas über den Autor wissen.

(4) Im Moment kümmert sich der Arzt um ihn.

(5) Die Pflaumenbäume werden bald zu blühen anfangen.

(6) Wer klopft an die Tür?

(7) Es ist sehr windig und es wird bald regnen.

(8) Hast du von den Bildern hier irgendwelche weggenommen?

(9) Durch Ferienarbeit hat er etwas Geld verdient.

(10) Stehen Sie nicht so da, setzen Sie sich bitte!

5. 用助词"了"、"着"、"过"填空：Setzen Sie die Partikel "了", "着", "过" ein:

有两个小孩儿在树下边坐___念英语。一个穿___白衬衫，一个穿___绿衬衫。我站___听他们念，他们念得很慢、很清楚。

穿白衬衫的孩子不念___，他大声地说："你念得不对。"穿绿衬衫的孩子也着急地说："你错___，我没错。书上写___呢，这个词我们学___。"这时候，我笑___问这个孩子："这个词你学___吗？你再看一看书吧。"他拿___书，认真地看了看，说："我错___。"

我问他们："你们学___多长时间的英语___？"他们说："我们学___两年___。"我说："你们很努力，一定能学得很好。"

6. 改正下列错句：Korrigieren Sie:

(1) 他很长时间病了。

(2) 这个问题应该回答这样。

(3) 小张在河边钓鱼着。

(4) 我看两次了那个电影。

(5) 她站着在前边。

(6) 他以前到过英国学英文。

(7) 我以前不会照相了，现在会照相。

(8) 古波要学习中文很努力。

7. 说一说你的暑假或寒假生活。Beschreiben Sie kurz, was Sie in den letzten Ferien getan haben:

五、语音语调

1. 节奏 Rhythmus

节奏是由音长和音强的配合变化形成的，汉语多音节词的节奏规律很强。多音节词所占的时间长度大致相同，字数多的读得快，字数少的读得慢，轻读音节占的时间短，重读音节占的时间长。大致说来有以下几种情况：

Lange und kurze Vokale, starke und schwache Elemente sowie akzentuierte und nicht-akzentuierte Silben bestimmen den Rhythmus des Sprechens. Im Chinesischen ist der Rhythmus von mehrsilbigen Wörtern ziemlich markant und regelmäßig.

Generell sind Mehrsilber ungefähr gleich lang. Mehrsilber mit mehr Schriftzeichen werden schnell, solche mit weniger Schriftzeichen langsam gesprochen. Schwach akzentuierte Silber sind kurz, stark akzentuierte lang. Hier finden Sie einige Regeln zu Länge und Rhythmus:

(1) 双音节词中的重读音节时间长度大约是非重读音节的两倍，假设读一个词所需的总时间是 6，“中重”格式是：2∶4。例如：

In Zweisilbern ist die akzentuierte Silbe doppelt so lang wie die nicht-akzentuierte. Angenommen, die Zeit der Aussprache eines Wortes ist 6 und die Akzentfolge ist mittel + stark, dann ist die Zeiteinteilung 2:4, z.B.:

生命 机会 天气 时间 着急 学校

寒假 诗歌 华侨 考试 暑假 检查

实现 国际 利用 奇怪

“重轻”格式是：4∶2，例如：

Bei der Akzentfolge stark + schwach wäre das Verhältnis 4:2, z.B.:

眼睛 耳朵 鼻子 知识 朋友 学生

先生 孩子

(2) 在三音节词中，前两个音节连接得紧密，形成 2+1 的格式，最后一个重读音节的时间长度大约与其它两个音节的和相同。如"中轻重"则是 2:1:3，例如：

Wenn in Dreisilbern die ersten beiden Silben in schneller Folge gesprochen werden, dann ist das Zeitverhältnis 2+1, d.h. die letzte Silbe ist ebenso lang wie die ersten beiden zusammen. Ist in einem Dreisilber die Akzentfolge mittel + schwach + stark, dann ist das Zeitverhältnis 2:1:3, z.B.:

医务所　收音机　图书馆　颐和园

天安门　外语系

(3) 在四音节词中，大都是2+2的格式，重读音节的时间长度大约是一半。如"中轻中重"则是 1.5:0.5:1:3。例如：

Bei den meisten Viersilbern ist 2+2. Die akzentuierte Silbe beansprucht dabei die Hälfte der Gesamtzeit. Ist die Akzentfolge in einem Viersilber mittel + schwach + mittel + stark, dann ist das Zeitverhältnis 1,5:0,5:1:3, z.B.:

北京大学　语言学院　社会主义

2. 意群重音(6) Sinngruppen-Akzent(6)

(1) 主语+动词+补语，补语重读。例如：

In einer Subjekt + Verb + Ergänzung-Konstruktion wird die Ergänzung akzentuiert. Z.B.:

我工作了三个小时。

他教书教了三十多年。

去年我透视过一次。

(2) 无主句中宾语重读。例如:

In subjektlosen Sätzen wird das Objekt akzentuiert, z.B.:

要刮风了。

现在下雨了。(句首状语不重读。Eine Adverbialbestimmung wird nicht akzentuiert.

有人敲门。(兼语不重读。Das Scharnierwort wird nicht akzentuiert.

(3) 主语+动词+宾语,如宾语是几个词并列的,都重读。例如:

Besteht in einer Subjekt + Verb + Objekt-Konstruktion das Objekt aus mehreren gleichwertigen Elementen, dann werden alle diese Elemente akzentuiert. Z.B.:

他们到过长城和北海。

还要检查一下儿眼睛、耳朵。

3. 朗读下面的诗句: Lesen Sie das Gedicht laut:

我们欢唱 (huānchàng fröhlich singen),我们翱翔 (áoxiáng emporsteigen)。

我们翱翔,我们欢唱。

一切 (yíqiè alles) 的一,常在欢唱。

一的一切,常在欢唱。

是你在欢唱？是我在欢唱？

是他在欢唱？是火 (huǒ Feuer) 在欢唱？

欢唱在欢唱！

欢唱在欢唱！

只有 (zhǐyǒu nur) 欢唱！

只有欢唱！

欢唱！

　欢唱！

　　欢唱！

（节选自郭沫若《凤凰涅槃》）

汉字笔顺表

1	考	耂		
		丂（一 丂）		
2	绩	纟		績
		责	龶	
			贝	
3	专	一 二 专 专		專

4	暑	曰	
		者	
5	假	亻	
		叚	[illegible] ([illegible] [illegible] [illegible] [illegible] [illegible])
			叉
6	寒	宀	
		共	
		⺀	
7	奇	大	
		可	
8	怪	忄	
		圣	又
			土
9	况	冫	
		兄	
10	利	禾	
		刂	
11	挣	扌	
		争	⺈

			尹（ヨ 尹）	
12	钱	钅		錢
		戋（一 二 乇 戋 戋）		
13	急	⺈		
		ヨ		
		心		

第 三 十 六 课

一、课　　文

这套茶具比那套便宜

帕兰卡：古波，我们去百货大楼，好吗？我要买茶具。

古　波：学校旁边有个商店，为什么去百货大楼呢？

帕兰卡：这个商店我去过了，东西不太多。百货大楼比这个商店大，东西也比这儿多。

古　波：好吧，我也想去买自行车。

（在百货大楼）

帕兰卡：同志，我要一套瓷器茶具。

售货员：好，您看看这套，这是江西景德镇的。

古　波：景德镇的瓷器非常有名。

售货员：对了。景德镇生产瓷器的历史很长了，质量非常好。有人说那儿的瓷器比玉白，比纸薄。

帕兰卡：是啊，作得真漂亮！这种茶具一套多少钱？

售货员：这套六个茶碗，一共四十二块二毛八（分）。

帕兰卡：有比这个便宜的吗？

售货员：这套唐山的茶具比那套便宜。

古　波：质量有那套好吗？

售货员：质量也不错。茶壶没那个大，只有四个茶碗。唐山瓷器生产的历史没有景德镇长，可是解放以后有了很大的发展，质量比以前提高了。

帕兰卡：我觉得茶壶上的画儿比那套画得好。

售货员：这是齐白石的画儿。茶壶茶碗都好看，也很便宜，一共三十块零四毛。

帕兰卡：好，我要这套。

售货员：您这是三十二块，找您一块六（毛）。

古　波：请问，买自行车在哪儿？

售货员：在外边，大楼旁边。

帕兰卡：谢谢您。

售货员：不谢。

生　词

1.	套	（量）	tào	*ZEW*, Satz, Garnitur
2.	茶具	（名）	chájù	Teeservice
3.	便宜	（形）	piányi	billig
4.	自行车	（名）	zìxíngchē	Fahrrad
5.	瓷器	（名）	cíqì	Porzellan
6.	售货员	（名）	shòuhuòyuán	Verkäufer
	货	（名）	huò	Ware
7.	生产	（动）	shēngchǎn	produzieren
8.	历史	（名）	lìshǐ	Geschichte
9.	质量	（名）	zhìliàng	Qualität
10.	玉	（名）	yù	Jade
11.	薄	（形）	báo	dünn
12.	种	（量）	zhǒng	*ZEW*, Sorte
13.	茶碗	（名）	cháwǎn	Tasse
	碗	（名、量）	wǎn	*ZEW*, Schüssel
14.	一共	（副）	yígòng	alles zusammen
15.	块（元）	（量）	kuài(yuán)	*ZEW*, (chinesische Geldeinheit, gleich 10 Mao oder Jiao)
16.	毛（角）	（量）	máo(jiǎo)	*ZEW* (Geldeinheit, gleich

			10 Fen)
17. 分	（量）	fēn	*ZEW* (die kleinste Geldeinheit)
18. 茶壶	（名）	cháhú	Teekanne
壶	（名、量）	hú	Kanne; *ZEW*
19. 只	（副）	zhǐ	nur
20. 解放	（动）	jiěfàng	befreien
21. 发展	（动）	fāzhǎn	entwickeln
22. 提高	（动）	tígāo	erhöhen, verbessern
23. 画儿	（名）	huàr	Bild
24. 画	（动）	huà	malen
25. 零	（数）	líng	null
26. 找（钱）	（动）	zhǎo(qián)	herausgeben (Geld)

专　名

1. 百货大楼	Bǎihuò Dàlóu	Kaufhaus
2. 江西	Jiāngxī	*chinesische Provinz*
3. 景德镇	Jǐngdézhèn	*chinesische Stadt*
4. 唐山	Tángshān	*chinesische Stadt*
5. 齐白石	Qí Báishí	*Personenname*

补 充 词

1.	贵	（形）	guì	teuer
2.	厚	（形）	hòu	dick
3.	订	（动）	dìng	abonnieren
4.	零钱	（名）	língqián	Kleingeld
5.	价钱	（名）	jiàqián	Preis
6.	画蛇添足		huà shé tiān zú	eine Schlange mit Füßen zeichnen, bed: veschlimmbessern
7.	别人	（代）	biérén	die anderen, andere
8.	脚	（名）	jiǎo	Fuß

二、注 释

1. “这种茶具一套多少钱？”

“Was kostet ein Teeservice dieser Art?”

这是询问商品价钱的用语，也可以说：“这种茶具多少钱一套？”回答是“一套四十二块二毛八”（或“四十二块二毛八一套”）。

Dies ist eine Art, Preise zu erfragen. Eine andere ist “这种茶具多少钱一套？” Die Antwort lautet gewöhnlich “一套四十二块二毛八”（oder “四十二块二毛八一套”）.

2. “一共四十二块二毛八(分)。”

人民币的计算单位是“元、角、分”，口语里常用“块、毛、分”。一块等于十毛，一毛等于十分。当“毛(角)”或“分”在最后一个单位时常常省略。如：

Die Recheneinheiten der Renminbi sind “元” (Yuan), “角” (Jiao), und “分”(Fen) oder “块” (Kuai), “毛”(Mao) und “分” (Fen) im gesprochenen Chinesisch. Ein Kuai ist gleich zehn Mao, und ein Mao zehn Fen. Mao (Jiao) oder Fen am Ende einer Zahl fällt in der Umgangssprache gewöhnlich weg, z.B：

5.20元—五块二(毛)

26.37元—二十六块三毛七(分)

如果只有“块”、“毛”或“分”一个单位时，口语里常常在最后用上一个“钱”字，如“十五块钱”、“两毛钱”、“八分钱”。

Bei nur einer Geldeinheit wird dem Betrag in der Umgangssprache oft das Wort “钱” angefügt, z.B. “十五块钱”、“两毛钱”、“八分钱”.

“2毛”在一个钱数中间时，常常说“二毛”；如果是一个钱数的开头，则要说“两毛”。“2分”如在一个钱数的最后，常说“二分”；单用时，“二分”或“两分”都可以。例如:“两块二毛二”、“两毛二分”、“二分钱”、“两分钱”。

Erscheint “2毛” in einem Betrag zwischen zwei Einheiten, dann wird “2” als “二” gesprochen. Am Anfang eines Betrages muß es dagegen “两” lauten. “2分” lautet “二分” am Ende eines Betrages, aber wenn es allein steht, ist sowohl “二分” als auch “两分” korrekt. Z.B. “两块二毛二”“两毛二分”，“二分钱”，“两分钱”.

3. “解放以后有了很大的发展。”

“Seit der Befreiung hat es sich großartig entwickelt.”

“解放以后”通常指1949年新中国成立以后。

“解放以后 ”bedeutet generell seit der Gründung des neuen

China (seit 1949)."

4. "这是齐白石的画儿。"

齐白石（1863—1957）是中国著名的画家，生于湖南湘潭的一个贫苦农家。童年时只上过半年学。十二岁开始学习雕花木工。他继承了中国传统的绘画艺术，并有独创精神。在花鸟画方面独树一帜。解放后人民政府授予他"中国人民杰出的艺术家"的称号。

Qi Baishi (1863-1957), ein bekannter chinesicher Maler, war Sohn einer armen Bauernfamilie in Xiangtan, Provinz Hunan. Der junge Qi konnte sich nur eine sechsmonatige Ausbildung leisten. Im Alter von 12 begann er als Blumenschnitzer zu arbeiten. Er beherrschte die traditionelle chinesische Malerei sehr gut und war so voller Schöpfergeist, daß er seinen eigenen Stil in der Vogel- und Blumenmalerei entwickelte. Nach der Befreiung verlieh ihm die Volksregierung den Titel "Hervorragender Künstler des chinesischen Volks."

5. "一共三十块零四毛。"

"块"前边是十位数以上的整数或"块"与"分"中间缺"毛"这个单位时，在"块"的后边必须用"零"。在这种情况下，最后一个单位就不能省略。如：

Folgt "块" einer ganzen Zahl über 10, oder fehlt "毛" zwischen "块" und "分", dann muß hinter "块" das Wort "零" stehen und die letzte Einheit fällt niemals weg, z.B.:

10.50元—十块零五毛

40.07元—四十块零七分

3.02元—三块零二分

6. "您这是三十二块，找您一块六(毛)。"

"Sie haben mir 32 Yuan gegeben, und ich gebe Ihnen 1,6 Yuan zurück."

三、替换与扩展

(一)

1. 这种自行车怎么样？

这种自行车比那种便宜。

茶壶(种)，	小
明信片(套)，	新
玉(种)，	贵*
诗(首)，	容易
售货员(位)，	热情
作家(位)，	年轻

2. 今天比昨天冷吗？

今天不比昨天冷。

你，	他，	大
北海，	颐和园，	远
汉语，	法语，	难
今年暑假，	去年，	长
这套邮票，	那套，	旧
这本词典，	那本，	薄

3. 瓷器的质量比以前提高了没有？

瓷器的质量比以前提高了。

工厂的生产，	发展
两国人民的了解，	加深
考试的成绩，	提高
天气，	热
这学期，	忙
他的信，	多

4. 你唱歌儿唱得很好，是吗？
哪里，他唱歌儿唱得比我好。

考试，	好
滑冰，	快
画画儿，	好
看历史书，	多

5. 这个茶碗有那个大吗？
这个茶碗没有那个大。

表（种），	好看
梅花（束），	漂亮
白衬衫（件），	长
自行车（种），	好
学校（个），	大
汉语书（本），	厚*

6. 这种茶具一套

多少钱？

三十块零四毛。

信封(个)，	0.02元
图片(套)，	2.08元
裙子(条)，	20.70元
鞋(双)，	18.00元
啤酒(瓶)，	0.74元
面包(个)，	0.15元

（二）

1. 订杂志 Abonnieren

A：请问，订*杂志在哪儿？

B：你到对面的邮局，那儿可以订*报、订*杂志。

A：谢谢您。

*　*　*

A：同志，现在可以订*《人民文学》杂志吗？

C：可以，你想订*多长时间？

A：一年。一共多少钱？

C：一共四块八。

2．买东西　Einkaufen

A：同志，这套明信片多少钱？

B：八毛三。

A：我要两套。

B：您还要什么？

A：要十张八分的邮票。

B：一共两块四毛六。

A：我没有零钱*，请您找吧。

B：好，找您七块五毛四。

*　　*　　*

A：您要什么？

B：请问，有中国红葡萄酒吗？

A：没有了。您看，这种葡萄酒也很好，质量不比中国红葡萄酒差（chà　schlecht），价钱*比那种便宜。

B：多少钱一瓶？

A：两块八。

B：是北京的吗？

A：不，是上海的。

B：好，我先买一瓶尝尝。

3. 谈天气　Gespräch übers Wetter

A：你们国家夏天天气怎么样？

B：夏天时间比这儿长，天气也比这儿热。你们那儿有没有这儿热？

A：没有这儿热，热的时间也没有这儿长。天气最热的时候，大家都离开城里了，那时候农村比城里人多。

*　*　*

四、阅读短文

画 蛇 添 足

古时候，有几个朋友在一起喝酒。他们

人很多，可是酒太少，只有一壶。这壶酒给谁喝呢？有人说："我们每人都画一条蛇(shé Schlange)，大家比一比，看谁画得快。画得最快的人喝这壶酒，好吗？"

大家都说："好。"

他们开始画蛇了。有一个年轻人比别人*画得快，他看别人*还在画呢，就指着自己画的蛇高兴地说："你们画得太慢了！看，我现在还有时间，让我再给蛇添(tiān addieren)几只(zhī ZEW)脚*吧。"

这时候，旁边的一个人大声地说："我已经画完(huà wán letzter Schliff)了，这壶酒应该给我喝。"

年轻人一听，着急地说："你画得没有我快，我早就画完了。你看，我还给蛇添了几只脚*呢。这壶酒该我喝。"

那个人笑着说："人人都知道蛇没有

脚*。你现在画了脚*，就不是蛇了，所以第一个画完蛇的是我。”

大家都说：“他说得对，这壶酒应该给他。”

一个人作了多余 (duōyú überflüssig; unangebracht) 的事儿，就叫“画蛇添足 (zú Fuß)”。

五、语　法

1. 用“比”表示比较(1)　“比”als Ausdruck des Vergleichs (1)

介词“比”可以比较两个事物的性质、特点等。在形容词谓语句中，其词序是：

Die Präposition “比” kann einen Vergleich zwischen zwei Objekten ausdrücken. Das Schema zeigt die Position von “比” in Sätzen mit Adjektiv-Prädikat:

名词或代词(1) Nomen oder Pronomen (1)	介词“比” Präposition“比”	名词或代词(2) Nomen oder Pronomen (2)	形容词 Adjektiv
他	比	我	忙。
这个房间	比	那个房间	大。
今天的课文	比	昨天的课文	难。

某些动词谓语句也可以用"比…"表示比较：

"比" kann auch einen Vergleich in bestimmten Sätzen mit Verbal-Prädikat ausdrücken：

名词或代词(1) Nomen oder Pronomen (1)	介词"比" Präposition"比"	名词或代词(2) Nomen oder Pronomen (2)	动　词 Verb	名词或代词 Nomen oder Pronomen
古波	比	帕兰卡	注意	语法。
我朋友	比	我	了解	中国的情况。
他们班	比	你们班	喜欢踢	足球。

如果动词带程度补语，"比…"可以放在动词前，也可以放在补语前。例如：

Hat das Verb eine Gradergänzung, kann "比" vor dem Verb oder vor der Ergänzung stehen, z.B.：

他比我走得快。

（他走得比我快。）

大学生队比银行队踢得好。

（大学生队踢得比银行队好。）

带程度补语的动词又带宾语时，"比…" 放在重复动词的前边，也可以放在补语的前边。例如：

Hat das Verb sowohl ein Objekt als auch eine Gradergänzung, dann kann "比" vor dem wiederholten Verb oder der Ergänzung stehen, z.B.:

他们班准备考试比我们班准备得早。

(他们班准备考试准备得比我们班早。)

他作菜比他爱人作得好。

(他作菜作得比他爱人好。)

用"比"的比较句,否定的时候在介词"比"的前边用副词"不":

Um einen negativen Vergleichssatz zu bilden, kommt das Adverb "不" vor "比":

这件衬衫不比那件新。

我每天不比他来得早。

注意:在用"比…"的形容词谓语句里,谓语形容词前一定不能用"很、真、非常"等副词(不能说"他比我很忙")。但可以加表示比较程度的副词"更、还"等(可以说"他比我更忙")。

Wichtig: In Sätzen mit Adjektiv-Prädikat und "比" stehen Adverbien wie "很", "真" oder "非常" nie vor dem prädikativen Adjektiv (es ist z.B. falsch zu sagen "他比我很忙"). Für Adverbien des Grades wie "更" oder "还" gilt dieses Verbot nicht (Wir können z.B. sagen "他比我更忙").

2. 用"有"或"没有"表示比较 "有" oder "没有" als Ausdruck

des Vergleichs

动词“有”或“没有”也可以用来表示比较：

Die Verben “有” oder “没有” können ebenfalls einen Vergleich ausdrücken：

名词或代词(1) Nomen oder Pronomen(1)	动词“有”或“没有” Das Verb “有” oder “没有”	名词或代词(2) Nomen oder Pronomen(2)	形容词 Adjektiv	其它 Andere Elemente
你的孩子	有	他的孩子	大	吗？
这儿	没有	北京	冷。	
这个地方	没有	颐和园	有意思。	

这种格式表示：第一种事物在比较的方面达到了（或没有达到）第二种事物的程度。这种方式的比较，多用于否定句和疑问句。

Dieser Typ des Vergleichs erscheint oft in negativen oder Fragesätzen und verweist auf das Ausmaß der Ähnlichkeit oder Verschiedenheit zweier Dinge.

注意：Wichtig：

（1）除形容词谓语句外，某些动词谓语句也可用“有…”表示比较。在这些句子里“有”的位置和“比”一样。如：

Außer in Sätzen mit Adjektiv-Prädikat kann “有” auch in Sätzen mit Verbal-Prädikat als Ausdruck des Vergleichs stehen. Dann hat “有” dieselbe Position wie “比”，z.B.：

她没有我喜欢古典音乐。

你跳舞跳得没有他好。

我起床没有他起得早。

（2）“没有…”跟“不比…”的意思不同：“他没有我来得早”意思是他比我来得晚；“他不比我来得早”意思是他可能比我来得晚，也可能跟我同时来。

“没有…” und “不比…” haben verschiedene Bedeutung, z.B. bedeutet “他没有我来得早”: “Er kam nicht so früh wie ich.” “他不比我来得早” bedeutet dagegen “Er kam später als ich” oder “Er kam zur selben Zeit wie ich.”

练　习

1. 读下列词组：Lesen Sie laut：

发展生产　　发展文化　　努力发展

发展得很快　有了很大发展

提高生产　　提高质量　　努力提高

提高得很快　有了很大提高

生产瓷器　　生产自行车　工厂的生产

现代化生产　生产的情况

中国历史　京剧的历史　颐和园的历史

研究历史　　了解历史

比这儿远　　比这套旧　比这件小

比他着急　　比小张喜欢　比昨天冷

比以前提高　比去年发展　比现在忙

2. 用"比"改写下列句子：Schreiben Sie mit Hilfe von "比" um：

(1) 这种笔便宜，那种笔不便宜。

(2) 他的历史知识多，我的历史知识少。

(3) 这学期他进步得快，我进步得慢。

(4) 我每天十点睡觉，我哥哥十一点睡觉。

(5) 今年他二十三岁，他朋友二十岁。

(6) 古波看过十次中国电影，帕兰卡只看过五次。

(7) 昨天很热，今天更热。

(8) 他会开车，他妹妹更会开车。

3. 把下列句子改写成用"没有"的比较句：Formen Sie schriftlich in Vergleichssätze mit "没有" um：

(1) 这种自行车的质量比那种好。

(2) 我今年比去年更忙。

(3) 这个邮局大，我们学校的邮局小。

(4) 他的成绩比我好。

(5) 那个女同志写字比这个男同志写得好看。

(6) 我同学比我身体健康。

4. 看图说话：Bildbeschreibung:

(1)  比 

(2)  不比 

(3)  没有 

(4) 有……吗？

5. 分组进行会话：Konversation in Gruppen:

例：词典　4.50元　两本　10.00元

→A：这种词典一本多少钱？

B：四块五。

A：我要两本。

B：一共九块。您这是十块，找您一块。

(1) 矿泉水　0.57元　5瓶　5.00元

(2) 帽子　6.05元　1顶　10.00元

(3) 衬衫　15.80元　3件　50.00元

(4) 邮票　4.10元　两套　9.00元

(5) 地图　1.52元　10张　20.00元

6. 将下面的对话改写成短文：Geben Sie eine kurze Zusammenfassung des Dialogs:

A：这两个自行车工厂哪个大？

B：这个厂的历史没有那个长，那是一个老厂，这是一个新厂。新厂比老厂大，工人也比老厂多。

A：新厂的年轻工人比老工人多吧？

B：是啊！年轻工人比老工人多。这个厂一共有五百多工人，年轻的就有三百多。

A：新厂的生产情况怎么样？

B：新厂的生产今年比去年有了很大的发展，质量比以前有了很大的提高。

汉字笔顺表

1	套	大	
		镸	[illegible] (一 [illegible] [illegible] [illegible] [illegible])
			厶
2	具	且	
		八	

3	便	亻	
		更	
4	宜	宀	
		且	
5	瓷	次	
		瓦	
6	器	吅（口 吅）	
		犬（大 犬）	
		吅	
7	售	隹	
		口	
8	货	化	貨
		贝	
9	产	丶 亠 亣 亣 立 产	產
10	历	厂	歷
		力	
11	史	口 中 史	
12	质	厂	質
		贞 𠂇	

			贝		
13	玉	王	玉		
14	薄	艹			
		氵			
		尃	甫		
			寸		
15	种	禾			種
		中			
16	碗	石			
		宛	宀		
			夗	夕	
				㔾	
17	共	龷			
		八			
18	块	土			塊
		夬			
19	元				
20	毛				
21	角	⺈			

		用	
22	壶	士	壺
		冖	
		业	
23	只	口	
		八	
24	展	尸	
		龷	
		𧘇	
25	提	扌	
		是	
26	零	⻗	
		令（令 令）	

第三十七课

一、课　　文

这件跟那件一样长

古　波：同志，我看看布中山装。

售货员：您穿的吗？给您这件，请到对面

试试。

古　波：太短了。

售货员：这件比那件大五公分，您再试试。

古　波：长短很合适，可是比那件肥得多。

售货员：我给您找一件瘦一点儿的。您看这件，跟那件一样长，比那件瘦三公分。

帕兰卡：这件很合适。你穿了中山装就跟中国人一样了。

古　波：不，鼻子、眼睛还跟中国人不一样。你看衣服的颜色怎么样？

帕兰卡：蓝的没有灰的好看。有灰的吗？

售货员：有。

古　波：好，我要灰的。多少钱一件？

售货员：九块九毛五。请您到那个窗口交钱。

帕兰卡：同志，有我穿的中式小棉袄吗？

售货员：有。您要什么面儿的？

帕兰卡：我要绸面儿的，上次我在这儿看过。

售货员：绸面儿的现在没有，您一个星期以后再来看看。要不，您定作吧，十天就可以了。

古　波：买衣服也要下星期来，定作比买只多三天，还是定作吧。

售货员：作的比买的还要合适些。您先到三层去看看绸子，那儿有很多种。

帕兰卡：您看我要买几米绸子？

售货员：您比我高一点儿，买两米半吧。

帕兰卡：好，谢谢您。

*　　*　　*

帕兰卡：啊，五点三刻了。

古　波：你的表快五分钟。

帕兰卡：不早了，快回学校吧。今天花了不少钱，一共花了一百零五块。

古　波：我还买了一辆自行车呢，比你多花七十多块。好，我现在就骑车回学校。

帕兰卡：你认识路吗？骑车要注意点儿。

古　波：你放心吧。

生　词

1.	一样	（形）	yīyàng	gleich
2.	布	（名）	bù	Baumwolle
3.	中山装	（名）	zhōngshān-zhuāng	chinesische Jacke
4.	短	（形）	duǎn	kurz
5.	公分	（量）	gōngfēn	*ZEW*, Zentimeter
6.	长短	（名）	chángduǎn	Länge
7.	合适	（形）	héshì	passend
8.	肥	（形）	féi	weit, fett

9.	瘦	(形)	shòu	eng, mager
10.	衣服	(名)	yīfu	Kleidung
11.	颜色	(名)	yánsè	Farbe
12.	蓝	(形)	lán	blau
13.	灰	(形)	huī	grau
14.	交	(动)	jiāo	zahlen (Geld)
15.	中式	(名)	zhōngshì	chinesische Art
16.	棉袄	(名)	mián'ǎo	wattierte Jacke
17.	面儿	(名)	miànr	Außenseite
18.	绸(子)	(名)	chóu(zi)	Seide
19.	上(次)	(名)	shàng(cì)	letztes Mal
20.	要不	(连)	yàobù	ansonsten
21.	定作	(动)	dìngzuò	maßanfertigen lassen
22.	下(星期)	(名)	xià(xīngqī)	nächste (Woche)
23.	米	(量)	mǐ	*ZEW*, Meter
24.	高	(形)	gāo	groß, hoch
25.	花	(动)	huā	ausgeben (Geld)
26.	辆	(量)	liàng	*ZEW für Fahrzeuge*
27.	骑	(动)	qí	fahren (mit dem Fahrrad)

补 充 词

1.	毛衣	（名）	máoyī	Wolljacke, Pullover
2.	雨衣	（名）	yǔyī	Regenmantel
3.	西装	（名）	xīzhuāng	(europ.) Anzug
4.	料子	（名）	liàozi	Stoff
5.	袜子	（名）	wàzi	Socke, Strumpf
6.	旗袍	（名）	qípáo	geschlitztes Kleid
7.	胖	（形）	pàng	dick, korpulent
8.	布鞋	（名）	bùxié	Stoffschuhe

二、注 释

1. "您穿的吗？"

"Für Sie selbst?"

2. "长短很合适。"

"Die Länge ist genau richtig."

"长短"在这里是长度的意思。汉语中的一些单音节形容词常跟它的反义词在一起组成名词，表示事物某一方面的属性，如"大小"、"肥瘦"、"快慢"等。

"长短" verweist hier auf die "Länge". Im Chinesischen kann die Verbindung eines einsilbigen Adjektivs mit seinem Antonym oft ein Nomen bilden, das auf bestimmte Eigenschaften der angesprochenen Dinge verweist. Vgl. die Nomen "大小", "肥瘦" und "快慢".

3. "可是比那件肥得多。"

形容词“肥”除了表示衣服宽大以外，通常用来指动物或肉类食物含脂肪多。注意：形容人一般用“胖”，如果用“肥”则含有贬意。形容词“瘦”既可指动物，也可指人。

Das Adjektiv “肥” bedeutet “weit” (bei Kleidung) oder “fett” (bei Tieren oder Fleisch). Für beleibte Personen benutzt man das Wort “胖” statt des abschätzigen “肥”. “瘦” (dünn) kann dagegen für Personen und Tiere gleichermaßen verwandt werden.

4. “上次我在这儿看过。”

名词“上”常表示次序、时间在前，“下”则表示在后，如上次、下次、上月、下月、上星期五、下星期五等。

Die Nomen “上” (“vorig”) und “下” (“nächst”) kann Zeitfolge oder eine Reihenfolge von Ereignissen anzeigen, wie in “上次”, “下次”, “上月”, “下月”, “上星期五”, “下星期五” usw.

5. “要不，您定作吧。”

连词“要不”在口语中常用来表示两件事情的选择关系。有时它所连接的是两种相反的可能性或结果。如“你明天八点一定到，要不，我们就出发了。”

Im gesprochenen Chinesisch kann die Konjunktion “要不” die Auswahl zwischen zwei Dingen, zwei gegensätzlichen Möglichkeiten oder zwei verschiedenen Resultaten bezeichnen. Man kann z.B. sagen “你明天八点一定到，要不，我们就出发了。”

6. “定作比买只多三天，还是定作吧。”

“Die Maßanfertigung einer Jacke dauert nur drei Tage länger als von der Stange kaufen, also lassen Sie lieber nach Maß arbeiten.”

这里的“还是”表示希望，含有“这么办比较好”的意思。如“今天太冷，你还是多穿点儿衣服吧。”

“还是” drückt hier den Wunsch des Sprechers aus und

impliziert, daß sein Vorschlag Vorteile hat. Daher können wir sagen "今天太冷，你还是多穿点衣服吧。"

7. "您看我要买几米绸子？"

"Wieviel Meter Seide sollte ich nach Ihrer Meinung kaufen?"

动词"看"有时表示观察并加以判断的意思。如"你看这样好不好？""我看可以。"

Manchmal kann das Verb "看" eine aufgrund von Beobachtung gebildete Meinung ausdrücken, z.B. "你看这样好不好？" "我看可以。"

8. "今天花了不少钱，一共花了一百零五块。"

一百以上的称数法：

Die Zahlwörter über hundert:

九十…………九十七…………一百
一百零一……一百零五……一百一十
一百一十一…一百八十…三百六十…
六百七十一…七百四十五…八百九十九
九百…………九百五十三…九百九十九

三、替换与扩展

（一）

1. 你的棉袄跟他的棉袄一样不一样？

我的棉袄跟他的不一样。

笔	衣服
表	专业
病	地址

2. 这件衣服比那件长吗？

这件跟那件一样长。

你，	她，	大
他，	你，	高
你们国家，	这儿，	热
你们班的学生，	他们班，	多
从这儿到学校，	从那儿，	远
你学汉语的时间，	他，	长
这种布的颜色，	那种，	漂亮

3. 这辆自行车跟那辆一样新吗？

不，这辆比那辆旧一点儿。

飞机(种)，	快，	慢得多
问题(个)，	难，	容易点儿
树(种)，	多，	少得多
茶具(套)，	便宜，	便宜点儿
绸子(种)，	薄，	薄得多
毛衣*(件)，	大，	小得多

4. 这件中山装比那件长多少？

这件中山装比那件长五公分。

棉袄（件），肥，三公分
裙子（条），瘦，两公分
帽子（顶），小，半公分
衬衫（件），大，一号
雨衣（件），短，一点儿

5. 你跟他花得一样多吗？

我比他多花七十多块。

穿，少穿，一件衣服
写，多写，一张纸
学，少学，一种外语
吃，多吃，一个面包

6. 这种绸子多少钱一米？

这种绸子三块八一米。

自行车(辆)，	174元
布(米)，	2.85元
瓷器(套)，	208元
西装*(套)，	135元
料子*(米)，	38.76元
袜子*(双)，	3.20元

(二)

1. 作衣服 Beim Schneider

A：同志，我要作一件旗袍*。

B：好。我给您量一量。

A：不，这件旗袍是给我姐姐的。她没有来过中国。我要送她一件中式衣服，您看能作吗？

B：您知道她穿多大的衣服？

A：她跟我一样高，比我胖一点儿。我的衣服她也能穿。

B：好吧，我们试一试。

A：太感谢您了。

2. 买鞋 Schuhkauf

A：同志，让我看看那种布鞋*。

B：您穿多大号的？

A：我穿27公分的。我不知道是多大号的。

B：您试试这双，四十一号半，合适吗？

A：小了点儿。

B：您再试试这双，四十二号的。

A：这双真合适。多少钱一双？

B：四块五毛五。

3. 遇见好久不见的人 Wiedertreffen nach langer Zeit

A：很长时间没见了，你比以前胖*一点儿了。

B：你身体好吗？你还跟以前一样年轻。

A：哪里，我比你老得多。

4. 谈生活 Alltagsgespräch

A：你来了一年多了吧？在这儿觉得怎么样？

B：很好。这儿的人都很热情，我过得很好，跟在我们国家一样。

A：这儿的天气你觉得怎么样？

B：夏天和秋天天气跟我们那儿一样，冬天比我们那儿冷一些。这儿的春天(chūntiān Frühling)风太大，我不太喜欢。

A：这儿的春天没有你们那儿暖和(nuǎnhuo warm)，也比你们那儿短，是吗？

……

C：快十二点了，您在这儿吃饭吧。

B：不用了，我还是早点儿回学校。

A：别客气，在这儿就跟在自己家里一样。请吧。

*　　*　　*

广告 (guǎnggào　Anzeige)

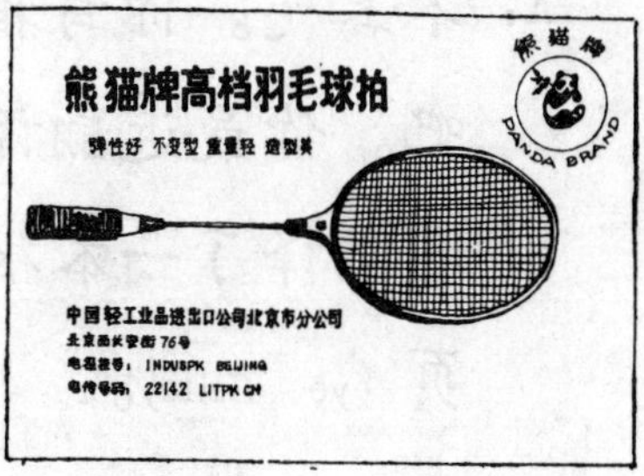

四、阅读短文

"高一点儿"(相声)

A：这不是老张吗？

B：是我啊，您好！

A：你好。听说 (tīngshuō　hören) 你也开始写相声 (xiàngsheng　komischer Dialog) 了？

B：我写得很少，去年只写了三个很短的相声，您呢？

A：我工作很忙，也写得不多。去年只写了十三个不太短的相声。

B：您比我多写了十个！我要向 (xiàng　von)

您学习。

A：不客气。你写相声有问题，就来找我吧。你最近翻译了一本书，是吗？

B：我翻译了一本很薄的书，只有一百多页 (yè Seite)。

A：我也翻译了一本很薄的书。

B：多少页。

A：只有四百多页。

B：比我的多三百多页，我要向您学习。

A：不客气，以后你翻译有问题，就来找我吧。你穿的棉袄是什么面儿的？

B：是布的。

A：我穿的是绸面儿的。

B：你的比我的好。

A：不客气。你今年多大？

B：我今年二十八，您呢？

A：我今年二十九。

B：比我大一岁。

A：不客气。你多高？

B：我一米七〇，您呢？

A：我现在一米七一，比你高一点儿。

B：是啊，您总是比我高一点儿。

A：不客气，你的表现在几点？

B：九点半。

A：我的表现在十点半。

B：你的表也比我们大家的表快一个小时！

A：不客气。——啊？

五、语　法

1. "跟……一样"表示比较　"跟…一样" als Ausdruck des Vergleichs

"跟……一样"表示两种事物比较的结果是同样的或类似的。介词"跟"引进被比较的事物，形容词"一样"作谓语主要成分。"跟……一样"格式还可以作状语。

Mit "跟…一样" kann man zwei identische oder ähnliche

Dinge vergleichen. Die Präposition “跟” leitet den zweiten Teil des Vergleichs ein. Das Adjektiv “一样” fungiert als Hauptteil des Prädikats. Die ganze Konstruktion “跟…一样” kann auch als Adverbialbestimmung dienen.

名词或代词(1) Nomen oder Pronomen (1)	“跟”	名词或代词(2) Nomen oder Pronomen (2)	“一样”	形容词 Adjektiv
这本词典	跟	那本(词典)	一样。	
他	跟	我	一样	忙。
这儿的梅花	跟	那儿(的梅花)	一样	多。

如果表示比较的两方面的名词都带定语，第二个名词可以省略。有时“的”也可省略。

Hat jedes der beiden Nomen in einem Vergleich ein Attribut vor sich, kann das zweite Nomen (manchmal sogar die Strukturpartikel “的”) wegfallen.

“跟……一样”的正反疑问式是“跟……一样不一样”。例如:

Die Oder-Nicht-Form der Struktur “跟…一样” ist “跟…一样不一样”.Z.B.:

这个字跟那个字一样不一样？

你跟他一样不一样大？

“跟……一样”的否定形式是“跟……不一样”，也可以说“不跟……一样”。例如:

Die negative Form der Struktur "跟…一样" ist "跟…不一样" oder "不跟…一样". Z.B.:

今年冬天的天气跟去年不一样。

这个信封跟那个信封不一样大。

弟弟的专业不跟我一样。

注意："跟……一样"也可以作定语或补语。例如：

Wichtig: Der Ausdruck "跟…一样" kann auch entweder als Attribut oder als Ergänzung dienen. Z.B.:

我要作一件跟你那件一样的棉袄。

他说汉语说得跟中国人一样。

2. 数量补语 Ergänzung der Quantität

在用"比"表示比较的形容词谓语句中，如果要明确指出两种事物具体差别时，就在谓语主要成分后边用数量词作补语。

Enthält ein Adjektiv-Prädikat einen Vergleich mit "比", dann können die spezifischen Unterschiede zwei Sachen oder Personen durch einen ZW + ZEW-Ausdruck als Ergänzung nach dem Prädikat ausgedrückt werden.

名词或代词(1) Nomen oder Pronomen(1)	"比"	名词或代词(2) Nomen oder Pronomen (2)	形容词 Adjektiv	数量词 ZW + ZEW-Ausdruck
他	比	我	小	三岁。

这种笔	比	那种	便宜	两块钱。
这个班	比	那个班	多	五个学生。

如果要表示大略的差别，可以用"一点儿"或"一些"说明差别很小；用结构助词"得"和程度补语"多"说明差别很大。例如：

Das Wort "一点儿" (oder "一些") zeigt an, daß der Unterschied zwischen zwei Sachen oder Personen sehr gering ist. Die Strukturpartikel "得" verweist zusammen mit der Ergänzung "多" auf einen großen Unterschied. Z.B.:

他今天比昨天好一点儿。

这种布比那种布好看一些。

他弟弟比他年轻得多。

我们这次参观的地方比上次多得多。

今天的风比昨天小得多了。

动词谓语句中，如果要表示比较具体的差别时，就用"早、晚"或"多、少"放在动词前作状语，并把具体的差别放在动词的后边。例如：

Soll in einem Vergleichssatz mit Verbal-Prädikat der Unterschied exakt ausgedrückt werden, dann dienen Adjektive wie "早，晚" oder "多，少" als Adverbialbestimmung nach dem Verb, und die den Unterschied benennenden Wörter stehen nach dem Verb. Z.B.:

我只比你早来了五分钟。

你先走吧，我要晚走一刻钟。

这个月我们工厂多生产一百五十辆自行车。

他少买了一张电影票，我不去了。

练　习

1. 读下列词组　Lesen Sie laut:

上月　上星期　上星期日

上半年　上学期　上半学期

下月　下星期　下星期日

下半年　下学期　下半学期

上次　上一个　上一课　上一封

下次　下一个　下一课　下一封

肥一点儿　瘦一点儿　长一点儿

短一点儿　高一点儿　小一点儿

便宜一些　薄一些　冷一些

热一些　老一些　年轻一些

高兴得多　辛苦得多　着急得多

合适得多　怕得多　喜欢得多

2. 改写下列句子： Schreiben Sie die Sätze nach dem Muster um:

例：这件中山装是灰的，那件也是灰的。

→这件中山装的颜色跟那件一样。

(1) 他是售货员，他爱人也是售货员。

(2) 我以后学历史，我朋友也学历史。

(3) 古波买了一本《现代汉语词典》，帕兰卡也买了一本《现代汉语词典》。

(4) 小王今年二十三岁，小张也是二十三岁。

(5) 他学过两年多的法语，你也学过两年多的法语。

(6) 我现在一米七五，我弟弟也是一米七五。

3. 完成下列对话： Vervollständigen Sie die Dialoge:

(1) 新工厂有五百四十五个工人，老工厂有四百八十三个工人。

A：新工厂比________？

B：新工厂比________六十二个工人。

(2) 这件棉袄长七十八公分，那件棉袄长七十二公分。

A：那件棉袄比________？

B：那件棉袄比________六公分。

(3) 他妹妹今年十五岁，他今年十八岁。

A：他比________？

B：他比________三岁。

(4) 这辆自行车一百九十四块，那辆一百七十四块。

A：那辆比________？

B：那辆比________二十块。

(5) 小张六点一刻到学校，他同学六点二十分到学校。

A：小张比________？

B：小张比________五分钟。

(6) 上学期我们班学了二十六课，他们班学了二十八课。

A：我们班比＿＿＿＿＿＿？

B：我们班比＿＿＿＿＿＿两课。

4. 用否定式回答下列问题：Geben Sie negative Antworten:

(1) 你骑车跟他骑得一样快吗？

(2) 这种布的质量跟那种布一样吗？

(3) 他说中国话说得跟中国人一样吗？

(4) 你这个月花的钱跟上个月花的一样多吗？

(5) 你们国家首都的天气跟这儿一样不一样？

(6) 他们学校开学的时间跟你们学校一样吗？

5. 将下列句子翻译成汉语：Übersetzen Sie:

(1) Was kostet der Stoff pro Meter?（多少）

(2) Ihre Schuhe sind etwas kleiner als meine. Sie passen mir nicht sehr gut.（一点儿）

(3) Die Maßkleidung dieses Ladens ist viel schöner als in

jenem Laden. (…得多)

(4) Diesen Monat ist es etwas kälter als letzten. (一些)

(5) Es wird (jetzt) zu spät. Ich komme nächstes Mal wieder. (下次)

(6) Können Sie morgen mit dem Fahrrad hierherkommen? Oder soll ich Sie mit dem Auto abholen? (要不)

6. 根据下面的短文先进行回答，然后看图复述内容：
Stellen Sie Fragen zum Text. Antworten Sie darauf. Beschreiben Sie dann die Bilder im Detail:

这两个人我都认识，是我的好朋友。穿蓝色中山装的是大张，穿中式小棉袄的是小王。他们俩跟我一样，都很喜欢踢足球。大张比小王大两岁，他跟小王一样是外语系法语专业的学生。他们学习很努力，成绩都不错。小王说法语没有大张说得流利，可是语法学得比他好。小王喜欢唱歌、跳舞，大张跟他不一样，喜欢看京剧。他们俩想要作的工作也不一样，小王想当翻译，大张想当老师，他觉得教书很有意思。

7. 写一篇短文，介绍你的两个朋友，比较他们的相同之点和不同之点。

Beschreiben Sie in einem kurzen Aufsatz, worin sich zwei Ihrer Freunde ähneln, und worin sie sich unterscheiden:

汉字笔顺表

1	布	𠂇		
		巾		
2	山	丨	𠃊 山	
3	装	壮	丬（丶 冫 丬）	装
			士	
		衣（丶 亠 𠂇 𧘇 衣 衣）		

4	短	矢		
		豆（一 𠮛 [illegible] [illegible] 豆）		
5	合			
6	适	舌		適
		辶		
7	肥	月		
		巴		
8	瘦	疒		
		叟	臼（丿 亻 𠂉 [illegible] [illegible] 臼）	
			丨	
			又	
9	衣			
10	颜	彦	产	顏
			彡	
		页		
11	色	𠂊		
		巴		
12	蓝	艹		藍
		𫩏		

		皿						
13	灰	𠂇						
		火						
14	交							
15	式							
16	棉	木						
		帛	白					
			巾					
17	袄	衤						襖
		夭	（	丿	夭）			
18	绸	纟						綢
		周	冂					
			土					
			口					
19	米	丶	丷	䒑	半	米	米	
20	辆	车						輛
		两						
21	骑	马						騎
		奇						

INFO

Beijinger Cloisonné

Chinesisches Cloisonné ist weltbekannt für seine traditionsreiche Technik. Unter Kaiser Jingtai (1450–1456) in der Ming-Dynastie erlebte es eine Blütezeit. Die Hauptfarbe des Jingtai-Cloisonné ist ein prächtiges Malachit-Blau, daher der Begriff "Jingtai-Blau." Cloisonné ist ein Produkt der traditionellen Metall-Technik, Porzellan und Messing zu verbinden.

Seit der Gründung des neuen China ist die Technik des Jingtai-Blau entscheidend verbessert worden, und bei Farben und Mustern gibt es heute nicht mehr nur zehn, sondern über 60 Varianten. Inzwischen werden auch Emaille-Erzeugnisse für praktische Zwecke entworfen und produziert.

第三十八课

一、课文

你没听错吗

（在331路公共汽车站）

售票员：331路，开往平安里，请上车。刚上车的同志请买票。

古　波：同志，换13路公共汽车在哪儿下车？

售票员：在平安里下车。

古　波：买两张到平安里的。

售票员：两毛钱一张票。您这是一块，找您六毛，请拿好。请大家往里走，里边有座位。下一站，钢铁学院，下车的同志请准备好。

古　波：老大爷、大娘，你们请坐。

老大爷：谢谢。

古　波：请问，到平安里还有几站？

老大爷：这路车的终点站是平安里。你们要去哪儿？

帕兰卡：我们要去三里屯，到一个中国朋友家。

老大爷：对。下车以后往南走，看见13路

汽车站，在那儿等车。你们还要换一次电车。

帕兰卡：古波，你听懂了吗？

古　波：你总不放心，我听懂了！你看，那儿正修马路呢。

售票员：前边要拐弯了，请注意。

老大娘：你们两位来坐吧。我们下一站下车。

古　波：
帕兰卡：谢谢！

*　　*　　*

（在13路汽车站）

古　波：那就是13路汽车站。看，车来了，快跑！

售票员：13路，开往三里河，请排好队上车。

古　波：啊，三里屯是终点站。

帕兰卡：你再问问吧。那位老大爷怎么说要换车呢？你没听错吗？

古　波：没有听错，快上！同志，买两张票，到终点站。

* * *

售票员：三里河到了，请同志们下车的时候，带好自己的东西。

帕兰卡：古波，你看这是三里河，不是三里屯。

古　波：可是咱们坐的是13路公共汽车啊！

售票员：你们要去三里屯吗？方向错了，你们应该坐往东开的车。

帕兰卡：古波先生，你说你都听懂了，可是咱们怎么坐错了车呢。

古　波：别着急，我给你讲一个成语故事。

*　　*　　*

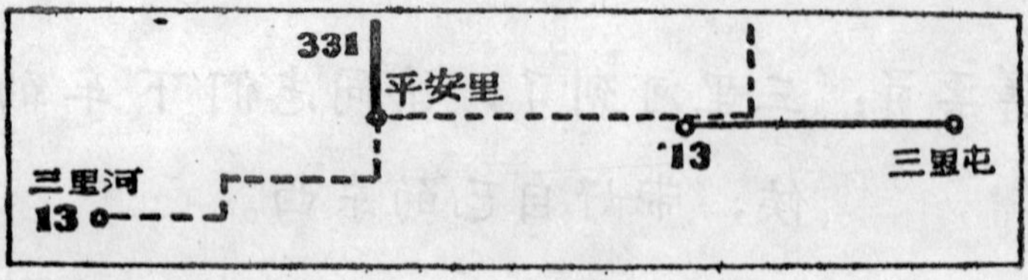

生　词

1.	错	（形）	cuò	falsch
2.	公共汽车		gōnggòng qìchē	Autobus
	公共	（形）	gōnggòng	öffentlich
	汽车	（名）	qìchē	Auto, Bus
3.	站	（名）	zhàn	Bushaltestelle, Station
4.	售票员	（名）	shòupiàoyuán	Schaffner
5.	往	（动）	wǎng	zu…nach…fahren
	往	（介）	wàng	zu, nach

6.	刚	(副)	gāng	eben, gerade
7.	换	(动)	huàn	umsteigen
8.	下	(动)	xià	aussteigen
9.	座位	(名)	zuòwei	Platz, Sitz
10.	大爷	(名)	dàye	Onkel
11.	大娘	(名)	dàniáng	Tante
12.	终点	(名)	zhōngdiǎn	Endstation
13.	南边	(名)	nánbiān	Süden; südlich
14.	电车	(名)	diànchē	O-Bus
15.	修	(动)	xiū	ausbessern(Straße), reparieren
16.	马路	(名)	mǎlù	Weg, Straße
	马	(名)	mǎ	Pferd
17.	拐弯		guǎi wān	abbiegen
18.	跑	(动)	pǎo	laufen
19.	排队		pái duì	sich (in einer Schlange) anstellen
20.	怎么	(代)	zěnme	wie, warum
21.	带	(动)	dài	mitnehmen, bringen
22.	咱们	(代)	zánmen	wir
23.	方向	(名)	fāngxiàng	Richtung
24.	东边	(名)	dōngbiān	Osten; östlich

25. 讲 （动）jiǎng erzählen, sprechen

26. 故事 （名）gùshi Geschichte

专 名

1. 平安里	Píng'ānlǐ	*Straße in Beijing*
2. 钢铁学院	Gāngtiě Xuéyuàn	Institut für Hüttenwesen in Beijing
3. 三里屯	Sānlǐtún	*Straße in Beijing*
4. 三里河	Sānlǐhé	*Straße in Beijing*

补 充 词

1. 胡同	（名）	hútòng	Gasse
2. 红绿灯	（名）	hónglǜdēng	Ampel
3. 街	（名）	jiē	Straße
4. 地铁	（名）	dìtiě	U-Bahn
5. 西边	（名）	xībiān	Westen; westlich
6. 路口	（名）	lùkǒu	Kreuzung
7. 北边	（名）	běibiān	Norden; nördlich
8. 出租汽车		chūzū qìchē	Taxi
9. 南辕北辙		nán yuán běi zhé	(fig.) in die falsche Richtung gehen

二、注　释

1. “刚上车的同志请买票。”

“Noch jemand zugestiegen, bitte?”

副词“刚”在这儿强调一个动作或情况发生了不久。如“我刚来一个星期。”“他刚走。”

Hier drückt das Adverb “刚” aus, daß etwas kurz zuvor geschah, z.B. “我刚来一个星期。”“他刚走。”

2. “请大家往里走。”

“往”读 wǎng 时是动词，意思是“去”。如“我往东(边)，他往西(边)”，“开往城里”，“飞往北京”。

In der Aussprache “wǎng” ist “往” ein Verb und bedeutet “gehen nach/zu” wie in “我往东(边)，他往西(边)”，“开往城里” und “飞往北京”。

“往”读 wàng 时是介词，表示动作的方向。如“往里走”、“往南走”（方位词里的“边”常常省略）。

In der Aussprache “wàng” fungiert “往” als Präposition und bezeichnet die Richtung einer Bewegung wie in “往里走” und “往南走” (bei Orts- oder Richtungsangaben wird “边” oft gespart).

3. “买两张到平安里的。”

“Zweimal Pinganli, bitte.”

4. “老大爷、大娘，你们请坐。”

“大爷”、“大娘”是对年长者的尊称。对不相识的老人还常称“老大爷”、“老大娘”。

“大爷 (Onkel)” und “大娘 (Tante)” sind respektvolle Formen der Anrede für ältere Menschen. “老大爷 (Großvater)” und

“老大娘 (Großmutter)” sind höfliche Formen der Anrede für alte Unbekannte.

5. “那位老大爷怎么说要换车呢？”

“Warum hat der Großvater da gesagt, daß wir umsteigen müßten?”

疑问代词“怎么”常用作状语，询问动作的方式(如“这个词中文怎么说”)或原因(如“他怎么还不来”)。本课中出现的两处都是询问原因，意思是“为什么”。

Mit dem Interrogativpronomen “怎么” in adverbialer Funktion fragt man oft nach der Art, wie etwas getan wird (wie in “这个词中文怎么说”), oder danach, warum etwas geschieht (wie in “他怎么还不来”). Im vorliegenden Text gibt “怎么” in beiden Fällen den Grund an.

疑问代词“怎么样”常用作谓语。它也能用在动词前作状语，跟“怎么”的意思一样，如“这个字怎么样写”。但是“怎么样”不能用来询问原因。

Das Interrogativpronomen “怎么样” dient oft als Prädikat. Es kann auch als Adverb vor einem Verb in derselben Bedeutung wie “怎么” fungieren (wie in “这个词怎么样写”), aber es erscheint niemals in der Bedeutung “warum”.

6. “三里河到了。”

“Sanlihe!”

7. “可是咱们坐的是13路公共汽车啊！”

这个句子里“是”要读得特别重，表示强调。

In diesem Satz wird “是” generell stark akzentuiert, um die Wahrheit der Aussage zu bekräftigen.

人称代词“咱们”跟“我们”的区别是，“咱们”包括谈话的对方；“我们”一般不包括谈话的对方。

Das Pronomen "咱们" bezieht sich sowohl auf den Sprecher als auch den Angesprochenen, wohingegen der Sprecher "我们" benutzt, wenn er sich auf sich selbst und einen anderen oder andere bezieht, nicht aber auf den Angesprochenen.

三、替换与扩展

(一)

1. 那位售票员的话你听懂了吗?

我听懂了。

今天的语法课,	听
这个歌儿,	听
老师讲的故事,	听
昨天的电影,	看
那本历史书,	看

2. 他家的地址你没看错吧?

没有,我没看错。

收信人的姓名,	写
这个练习,	作
老师的问题,	回答

15路电车，	坐
我的帽子，	拿

3. 你看见<u>45路汽车站</u>了没有？

看见了。就在前边。

李老师	公共电话
学校的汽车	那条马路
那两位留学生	钢铁学院

4. 他在说什么？

他说："请同志们<u>带</u>好自己的<u>东西</u>。"

拿，	行李
放，	箱子
收，	车票
带，	孩子

5. 请问电车站在哪儿？

往<u>南走</u>，很快就到。

左，	拐弯
东，	走
前，	开
东，	拐弯

6. 这个问题很容易，他怎么没回答对？

我也不知道。

这首诗，	看懂
今天的课文，	复习好
这个成语，	说对
骑自行车，	学会

（二）

1. 问路 Nach dem Weg fragen

A：请问，到花园胡同*怎么走？

B：从这儿往前走，前边有红绿灯*，你看见了吗？到那儿往左拐，在第二条街*里。

A：要坐车吗？

B：不用，走几分钟就到了。

A：谢谢你。

* * *

A：请问，地铁*车站在哪儿？

B：往西*走，到路口*再往北走。

A：离这儿远吗？

B：不远，只有一百多米。

2. 乘公共汽车 Den Bus nehmen

A：车怎么还不来？已经等了半天（bàntiān einige Zeit）了。

B：别着急。你看，车来了。

* * *

A：同志，买两张票，到百货大楼。

C：您坐错了。这路车不去百货大楼。您可以在北海公园下车，在那儿换103路电车。

A：谢谢。到站请告诉我们一下儿，好吗？

C：好，还有三站就到北海公园了。

* * *

A：同志，您下车吗？

D：我不下。

A：劳驾（láo jià Entschuldigen），我们下车。

3. 叫出租汽车

A：喂，出租汽车公司(Chūzū Qìchē Gōngsī Taxiunternehmen)吗？

B：是啊，您哪儿？

A：我是钢铁学院……

B：什么？请您再说一遍！

A：我是钢铁学院，我要一辆出租汽车*，去飞机场。

B：好，请等一下儿，车很快就到。

* * *

四、阅读课文

南辕北辙*

古波问帕兰卡："你知道'南辕(yuán Deichsel)北辙(zhé Radspur)'这个成语吗？"帕兰

卡说："没学过。"古波说："我给你讲这个故事吧。"

古时候，有一个人坐着马车 (mǎchē Pferdewagen) 到很远的地方去办事儿，马车上放着一个很大的箱子。他让赶 (gǎn lenken) 车的人不停地赶，马跑得非常快。

路上，一位老人看见他们，就问："先生，您这样着急，要去哪儿？"

"我要去楚国 (Chǔguó der Staat Chu)"，坐车的人大声回答。

老人听了，笑了笑说："您走错了。楚国在南边，您怎么往北*走呢？"

"没关系 (méi guānxi macht nichts)，"坐车的人说："您没看见吗？我的马跑得很快。"

"您的马很好，可是您走的路不对。"

"没问题，我的马车是新的，上月刚作好。"

“您的车很新，可是这不是去楚国的路。”

“老大爷，您不知道，”坐车的指着后边的箱子说，“我的箱子里放着很多钱。路远我不怕。”

“您的钱很多，可是别忘了，您走的方向不对。我看，您还是快往回走吧。”

坐车的人一听，很不高兴地说：“我已经走了十天了，您怎么让我往回走呢？”他又指着赶车的说：“您看看，他很年轻，身体很好，赶车也赶得非常好，您放心吧。再见！”

说着他就让赶车的赶着车往前走，马跑得更快了……

他们会走到哪儿呢？

古波讲到这儿，帕兰卡笑了。她说：“他们跟你一样，也会走到三里河。”

五、语　法

1. 结果补语　Die Resultativ-Ergänzung

说明动作结果的补语叫结果补语。结果补语常由动词或形容词充任，如“看见”、“开往”、“拿好”、“听懂”、“坐错”中的动词“见”、“往”、“懂”和形容词“好”、“错”。

Eine Resultativ-Ergänzung, ob Verb oder Adjektiv, verweist auf das Resultat einer Aktion. Bei “看见”, “开往”, “拿好”, “听懂”, und “坐错” sind die Resultativ-Ergänzungen “见”, “往”, “懂” Verben und “好”, “错” sind Adjektive.

结果补语跟动词结合得很紧，中间不能插入别的成分。动态助词“了”或宾语必须放在结果补语的后边。

Ein Verb und seine Resultativ-Ergänzung sind eng miteinander verbunden. Kein anderes Element kann zwischen ihnen stehen. Die Aspektpartikel “了” und das Objekt stehen grundsätzlich nach der Ergänzung.

名词或代词 Nomen oder Pronomen	动　词 Verb	动词或形容词（补语） Verb oder Adjektiv (Ergänzung)	助词“了” Partikel “了”	名词或代词 Nomen oder Pronmnen	助词“了” Partikel “了”
他	看	懂	了	这封中文信。	
我们	要锻炼	好		身体。	
他	学	会		骑自行车	了。

动词带结果补语，这个动作一般总是完成了的，所以否定式一般用"没(有)"，正反疑问式用"……没有"。如：

Eine Resultativ-Ergänzung nach einem Verb verweist generell auf die Abgeschlossenheit einer Aktion. So wird solche Konstuktion durch "没(有)" negiert, und mit Hilfe von "…没有" wird die Oder-Nicht-Form eines Satzes gebildet, z.B.:

你今天看见他没有？

我没有看见他。

她学会开汽车了没有？

她还没学会呢。

2. 结果补语"好" "好" als Resultativ-Ergänzung

形容词"好"作结果补语常表示动作达到完善的地步。如：

Das Adjektiv "好" zeigt als Resultativ-Ergänzung den beabsichtigten Stand einer Aktion an. Z.B.:

我们一定要学好中文。

请大家坐好，现在上课了。

阅览室的墙上写着："请放好杂志。"

结果补语"好"有时候也表示动作的完成。如：

Die Resultativ-Ergänzung "好" kann manchmal auch die Vollendetheit einer Aktion anzeigen. Z.B.:

你的中式棉袄作好没有？

这张画儿还没有画好呢。

这条马路什么时候能修好？

练　习

1．读下列词组：Lesen Sie laut:

开往香山　开往上海　飞往法国

往前跑　往里开　往南拐（弯）　往上走

带好东西　拿好车票　准备好行李

排好队　整理好箱子　修好自行车

走错了路　认错了人　打错了电话

坐错了车　写错了字　念错了生词

看见了　看懂了　说对了

听见了　听懂了　回答对了

刚下飞机　刚买票　刚起床　刚回家

刚下课　刚上车　刚吃饭　刚开学

2．选择适当的词完成下列对话：Setzen Sie das richtige Wort ein:

听　听见

（1）A：你在作什么呢？

B：我在____音乐呢。

A：有人敲门，你____了没有？

B：我没有____。好，我去看一看。

(2) A：____，外边刮风了，你____了吗？

B：我早就____了。

(3) A：这个故事你____了吗？

B：我____过一遍了，还想再____。

看　看见

(1) A：你去哪儿了？

B：我进城____朋友了。

A：你____古波和帕兰卡没有？他们俩也进城了。

B：我没有____他们。

(2) A：张大夫呢？

B：我____他在公共汽车站等人呢。

(3) A：你____那儿，那儿有一个公用电话。

B：在哪儿？我没有____。

A：你往左____。

B：对，我____了。

3. 用适当的结果补语填空：Setzen Sie eine geeignete Resultativ-Ergänzung ein:

(1) 我同学是上海人，他说上海话我不能听____。

(2) 这个练习不难，我们都作____了。

(3) 明年他们就能看____中文报了。

(4) 这本书不是老师给我们介绍的那本，我买____了。

(5) 已经十点多了，明天的考试他还没有准备____呢。

(6) 昨天我刚开始学习滑冰，还没有学____呢。

4. 用下列词组各造两个句子：Bilden Sie mit jedem Ausdruck zwei Sätze:

(1) 修好 (2) 翻译对 (3) 穿好 (4) 拿错

(5) 办好　(6) 听懂

5．翻译下列句子：Übersetzen Sie:

(1) Wie schreiben Sie das Schriftzeichen "带", mein Herr?（怎么）

(2) Er ist gerade aufgestanden und hat noch nicht gefrühstückt.（刚）

(3) Können Sie mir sagen, welche Himmelsrichtung dies ist?（方向）

(4) Wie heißt dies Wort auf Chinesisch?（怎么）

(5) Wie ist er als Grammatiklehrer?（讲得怎么样）

(6) Dieses Jackett ist zu weit. Können Sie mir ein anderes zeigen?（换）

(7) Du kannst viel schneller als ich laufen.（跑）

6．根据阅读短文内容看图说话：Erzählen Sie den Lesetext mit Hilfe der Bilder nach:

汉字笔顺表

1	汽	氵		
		气		
2	往	彳		
		主		
3	刚	冈（冂 冈）		剛
		刂		
4	换	扌		換
		奂	⺈	
			央（丨 冖 ⺆ 尹 央）	
5	爷	父		爺
		卩		
6	终	纟		終
		冬		
7	南	十		
		用	冂	
			羊（丶 丷 䒑 兰 羊）	
8	修	亻		

		丨				
		㐱	夂			
			彡			
9	马					馬
10	拐	扌				
		另	口			
			力			
11	弯	亦				彎
		弓				
12	跑	足				
		包				
13	带	卌	(一	卌)		帶
		冖				
		巾				
14	咱	口				
		自				
15	向	丿	亻	冂	向	
16	讲	讠				講
		井				

17	故	古
		攵

第三十九课

一、课　文

我们见到了你爸爸、妈妈

丁云：

来信收到了。感谢你对我们的关心。

上星期我和古波去你家。路上我们坐错了车，我们到你家的时候已经很晚了。我们见到了你爸爸、妈妈。你姐姐也带着孩子小兰回家看我们。

你爸爸工作很忙，上月车间里选举，他当了车间主任。你妈妈说他比以前年轻了。他自己说，这叫“老骥伏枥，志在千里”。我们都没听懂。你姐姐告诉我们：“这是两句古诗，爸爸的意思是：自己虽然老了，但是还要为实现四个现代化作更多的工作。”我觉得这句诗很好，就请你姐姐给我写在本子上了。

你妈妈今年春天已经退休了。她身体很好，现在还能在街道上作一些工作呢。

小兰真有意思，一看见我，她就指着墙上咱们的照片说：“啊，照片上的阿姨来了。”

你们家的邻居也都非常热情。前边的张大爷、对面的李大娘都来看我们，说我们是远方的客人。

时间很晚了，我和古波要走，你妈妈一定要留我们吃饭。这时候小兰说话了："叔叔、阿姨别走，听我唱个歌儿。"她唱了一个《远方的客人请你留下来》。六岁的小姑娘真聪明！她唱完歌儿，我们真不好意思走了。

跟你家里人在一起，我和古波都觉得非常愉快。我们要永远记住这一天。

好了，就写到这儿吧。希望你常来信。

祝

健康

帕兰卡

十二月八日

生　词

1. 对	(介)	duì	zu, für
2. 关心	(动)	guānxīn	sorgen, sich kümmern
3. 车间	(名)	chējiān	Werkstatt

4.	选举	（动）	xuǎnjǔ	wählen
5.	主任	（动）	zhǔrèn	Vorsitzender, Chef
6.	老骥伏枥，志在千里		lǎo jì fú lì, zhì zài qiān lǐ	Altes Roß im Stall will noch 1 000 Li galoppieren. (fig.) Alte Leute mögen noch hochfliegende Pläne machen.
7.	句	（量）	jù	*ZEW für Sätze oder Verse*
8.	意思	（名）	yìsi	Bedeutung
9.	虽然	（连）	suīrán	zwar, obwohl
10.	但是	（连）	dànshì	aber
11.	本子	（名）	běnzi	Heft
12.	春天	（名）	chūntiān	Frühling
13.	退休	（动）	tuìxiū	in Ruhestand treten
14.	街道	（名）	jiēdào	Straße
15.	一…就…		yī…jiù…	sobald
16.	阿姨	（名）	āyí	Tante
17.	邻居	（名）	línjū	Nachbar
18.	远方	（名）	yuǎnfāng	Ferne
19.	客人	（名）	kèren	Gast
20.	留	（动）	liú	bleiben, jdn. zum Bleiben auffordern

21. 叔叔 (名) shūshu Onkel, jüngerer Bruder des Vaters

22. 聪明 (形) cōngming klug, intelligent

23. 完 (动) wán zu Ende sein; enden

24. 不好意思 bù hǎoyìsi verlegen sein; jdm. peinlich sein, etwas zu tun

25. 愉快 (形) yúkuài froh

26. 永远 (副) yǒngyuǎn (für) immer

27. 记 (动) jì im Gedächtnis behalten, (sich) erinnern

专 名

小兰 Xiǎolán *Name*

补 充 词

1. 衣柜 (名) yīguì Kleiderschrank
2. 书架 (名) shūjià Bücherregal
3. 师傅 (名) shīfu Meister
4. 坏 (形) huài kaputt, schlecht sein
5. 手 shǒu Hand
6. 条子 tiáozi Zettel
7. 关 (动) guān zumachen, schließen

二、注　释

1. “感谢你对我们的关心。”

“Vielen Dank für Deine Fürsorge!”

介词“对”跟它的宾语组成的介词结构可以作定语，如“对他的帮助”、“对我们的希望”；也可以作状语，如“古波对我说”，“他对大家都很热情”。

Die Präpositional-Konstruktion “对” mit Objekt kann adjektivisch (wie in “对他的帮助”, “对我们的希望”) oder adverbial (wie in “古波对我说”, “他对大家都很热情”) verwandt werden.

2. “老骥伏枥，志在千里”

这是曹操的《龟虽寿》中的两句诗。曹操（155——220）是中国东汉末年的政治家、军事家和诗人。今天人们还常常用这两句诗比喻老年人“活到老工作到老”的精神。

Die beiden Verse aus Cao Caos Gedicht “Eine Schildkröte mag lange leben” erscheinen oft mit der metaphorischen Bedeutung “Nie zu alt zum Arbeiten”. Cao Cao (155-220 n. Chr.) trat gegen Ende der Östlichen Han-Dynastie als Staatsmann, Stratege und Poet hervor.

3. “现在还能在街道上作一些工作呢。”

“上”用在名词后（读轻声）常表示在某种事物的范围以内或某一个方面，如“街道上”、“书上”。

“上” nach einem Nomen (neutraler Ton) bezeichnet den Bereich oder einen besonderen Aspekt von etwas, wie in “街道上” (im Wohnblock), “书上” (im Buch).

语气助词“呢”(2) 用在陈述句末尾，表示确认事实，使对方信服。有时还带有夸张的语气。

Die Modalpartikel “呢” (2) erscheint oft am Ende eines

Aussagesatzes und drückt Bekräftigung oder Überzeugtheit aus, manchmal auch im Sinne von Übertreibung.

“街道”这里指的是街道居民委员会。这是一种群众性的组织，它的工作是组织青少年活动站，负责街道的计划生育、清洁卫生等。中国的城镇一般都有这种组织。

Hier bedeutet “街道” soviel wie “Straßenkomitee”, eine nicht-staatliche Organisation, betraut mit der Freizeitgestaltung der Schüler, Familienplanung, Sauberkeit und Hygiene des Blocks. Straßenkomitees finden sich fast überall in chinesischen Städten.

4. “前边的张大爷，对面的李大娘都来看我们。”

老北京的平房，有的有几层院子。这里的“前边”指前院，“对面”指对面屋。

In Beijing haben viele der alten einstöckigen Häuser mehrere Innenhöfe. “前边” bedeutet hier “Vorhof”. “对面” ist das Haus gegenüber.

5. “阿姨别走。”

“叔叔”（“阿姨”）是孩子对父辈男子（女子）的泛称。

Mit “叔叔” und “阿姨” reden Kinder erwachsene Männer oder Frauen der elterlichen Generation an.

6.《远方的客人请你留下来》

“Bitte eilt nicht davon, ihr Gäste aus der Ferne.” (Schlagertitel)

7. “我们真不好意思走了。”

“不好意思”这个短语可表示害羞，如“大家一笑，她就不好意思了”；也表示碍于情面不能作某事，如“他很忙，我们不好意思再问他问题了”。其肯定式“好意思”带有贬意，不常用。

Der Ausdruck “不好意思” bedeutet “scheu” oder “verlegen”, z.B. “大家一笑，她就不好意思了”. Manchmal bezeichnet es auch den Widerwillen, etwas aus Gründen der Höflichkeit zu tun, z.B. "他很忙，我们不好意思再问他问题了"。Das Antonym "好意思" ist abschätzig und erscheint selten.

三、替换与扩展

1. 他们找到丁云家了没有？

他们找到她家了。

见，她家的邻居
听，这个新闻
收，丁云的信
学，第三十九课
买，唐山的茶具
拿，绸子棉袄

2. 你走到车站的时候已经很晚了吗？

我走到车站的时候已经十点多钟了。

来，咖啡馆
走，工厂
来，飞机场
回，学校
跑，医务所

3. 那句诗你写在哪儿了？

那句诗我写在本子上了。

那套明信片，	放，桌子上
新衣服，	放，箱子里
今天的练习，	写，纸上
我的中山装，	放，衣柜*里
新杂志，	放，书架*上
齐白石的画儿，	挂，墙上

4. 他们唱完歌儿了没有？

他们还没有唱完歌儿。

吃，饭
学，这本书
用，本子
赛，球
办，手续
参观，车间

5. 他家的地址你记住了没有？

我记住了。

这些生词	这首诗的意思
车间的电话	那句成语
系主任的话	老师讲的语法

6. 他虽然老了，但是还愿意在街道上作一些工作。

退休了	身体不好
血压很高	得了心脏病
文化不高	很忙

7. 她一看见我就问："你接到他的电话没有？"

翻译完，	那本书
留住，	那位客人
找到，	你的笔
见到，	你叔叔

（二）

1. 修自行车 In einer Fahrradwerkstatt

A：师傅*，我的自行车要修一下儿。

B：车怎么了 (Was ist kaputt am Fahrrad?)？

A：车闸 (zhá Handbremse) 坏*了。

B：放在那儿吧。

A：什么时候能修好？

B：您明天来拿吧。

A：能不能快一点儿，我明天上午要用。

B：今天下午五点钟，怎么样？

A：好，谢谢您。

2. 找东西 Etwas suchen

A：准备好了吗？咱们快走吧。

B：好。——我的电影票呢？

A：你放在哪儿了？

B：我放在桌上了。你看见没有？

A：没有。别着急，再找找。

你手*里拿的是什么？

B：我的本子。啊，票在里边呢。

3. 找人 Jemanden suchen

A：你看见小张了吗？

B：没有。吃完早饭以后，他就没有回宿舍。你到览阅室看看。

A：我去过了，没有找到。

B：他会在哪儿呢？

A：我留一个条子*，请你交给他好吗？

B：好。这儿有纸。

*　　*　　*

四、阅读短文

买　鞋

这是两千 (qiān tausend) 多年以前的一个故事。

有个人想买一双鞋，他先量了量自己的脚 (jiǎo Fuß) 作好一个尺码 (chǐmǎ Größe)，可是走的时候，一着急就忘带了。

到了商店，他才知道尺码忘在家里了。他对商店里的人说："我要买双鞋，我已经量好了大小，可是尺码忘带了，我也没有记住。我先回去拿尺码再来买。”说完他就回家去拿。

等他拿了尺码跑到商店的时候，商店已经关*门了。来回走了很多路，还没买到鞋，他很不高兴。

他的一个朋友看见他没买到鞋，就问他：

“你给谁买鞋？”

他回答说：

“给我自己买。”

他朋友说：“你给自己买鞋为什么不用脚*试，一定要拿尺码呢？”

听完他朋友的话，他说：“虽然用脚试也可以，但是我更相信(xiāngxìn glauben)尺码。”

五、语　法

1. “到”、“在”、“住”作结果补语 “到”, “在” und “住” als

Resultativ-Ergänzung

动词"到"、"在"、"住"也常用作结果补语。

Die Verben "到", "在" und "住" dienen oft als Resultativ-Ergänzung

"到"作结果补语，常表示动作达到某一点或持续到某一时间。如：

Als Resultativ-Ergänzung zeigt "到" das Andauern einer Aktion bis zu einem bestimmten (Zeit)punkt an. Z.B.:

我回到家就睡觉了。

从这儿骑到邮局要多长时间？

昨天晚上我看书看到十二点。

结果补语"到"还可以表示动作达到了目的。如：

Die Resultativ-Ergänzung "到" zeigt auch den erfolgreichen Abschluß einer Aktion an. Z.B.:

他让我等他的电话，半小时以后，我就接到他的电话了。

星期天我看见他又去书店了，不知道他买到那本书没有。

上午我去找他，可是没有找到他。

"在"作结果补语说明人或事物通过某一动作以后而存在于某处。"在"的后面必须有表示处所的词语作动词的宾语。如：

Als Resultativ-Ergänzung zeigt "在" an, daß eine Person

oder Sache als Resultat einer Aktion in einer Position bleibt. Nach "在" muß eine Ortsangabe stehen, die als Objekt des Verbs fungiert. Z.B.:

那个孩子不愿意坐在椅子上。

张大爷住在楼上。

你的行李放在车上了吗？

"住"作结果补语常表示通过动作使某事物牢固地停留在一定的位置上。动词"记"常带结果补语"住"，"记住"的意思就是使某件事牢固地留在记忆里。如：

Die Resultativ-Ergänzung "住" zeigt oft an, daß etwas als Resultat einer vorhergehenden Aktion in einer bestimmten Position fixiert ist. Oft erscheint das Verb "记" zusammen mit der Resultativ-Ergänzung "住". "记住" bedeutet im Kopf behalten". Z.B.:

那个球他们接住了吗？

他听见后边有人，就站住了。

这学期学过的汉字你都记住了吗？

我记了一上午生词，有的记住了，有的还没有记住。

2. "虽然…但是…" Die Konstruktion "虽然…但是…"

"虽然…但是…"表示转折的关系。"虽然"可以放在第一个分句主语前边或主语后边；"但是"(也可以用"可是")必须放在第二个分句的最前边。例如：

“虽然…但是…”（“obwohl”）verbindet zwei widersprüchliche Aussagen. “虽然” kann vor oder nach dem Subjekt des ersten Teilsatzes stehen, “但是”（oder “可是”）kommt dagegen immer am Anfang des zweiten Teilsatzes. Z.B.:

虽然外边下着大雪，但是他还要骑车进城。

路上虽然很辛苦，但是他觉得很高兴。

他虽然没来过中国，可是对北京的情况了解得很多。

3. “一…就…” Die Konstruktion “一…就…”

“一…就…”表示两件事紧接着发生。

“一…就…” verbindet zwei Dinge, die dicht aufeinander folgen.

我一放假就回国。

他一教，大家就会了。

有时候前一分句表示条件，后一分句表示结果。如：

Manchmal liefert der erste Teilsatz die Bedingung und der zweite das Resultat. Z.B.:

他一着急，就写错了。

小兰一唱歌，古波和帕兰卡就不好意

思走了。

练　习

1. 读下列词组：Lesen Sie laut:

见到亲戚	回到宿舍	来到中国
走到学校	收到来信	复习到这儿
工作到十一点	谈到这个问题	
写在本子上	挂在墙上	放在桌子上
收在箱子里	住在上海	坐在车上
站在马路上	停在外边	拿在手*里
记住这件事儿	留住客人	接住球
(人)站住	(车)停住	
喝完茶	办完事儿	考完试
洗完澡	看完病	照完相
看完这本书	讲完语法	作完练习
整理完	检查完	翻译完
对他说	对大家很关心	
对我的关心	关心我们	

2. 用适当的动词和结果补语完成下列各组对话：Setzen Sie jeweils ein Verb und eine Resultativ-Ergänzung ein:

(1) A：你看见他的时候，他在作什么？

B：他在锻炼呢。

A：现在他______了没有？

B：我想他还没有______。

(2) A：你们见到系主任的时候，他在作什么？

B：他在跟李老师谈话呢？

A：现在他们______了没有？

B：我想他们还没有______。

(3) A：昨天你到他们宿舍的时候，他们在作什么？

B：他们在找照片呢。

A：他们______了没有？

B：他们说还没有______。

(4) A：上午你怎么没有来？

B：我去火车站接我叔叔了。

A：你______了没有？

B：他坐飞机来了，我______。

(5) A：你在念课文吗？

B：不，我在记生词呢。

A：这一课的生词你都______了吗？

B：没有，______。

3. 将下列句子翻译成汉语：Übersetzen Sie:

(1) Er konnte die Stelle nicht finden, obwohl er den ganzen Morgen versucht hatte, sie zu finden.（找到）

(2) Es war fast Mitternacht letzten Sonnabend, als das Tanzfest zu Ende war.（跳完）

(3) Er wird während der Sommerferien in Beijing bleiben.（留在）

(4) Herr Li, der Lehrer, kümmert sich sehr um seine Schüler.（关心）

(5) Geben Sie Ihr Übungsheft bitte morgen ab!（交）

(6) Was bedeutet dieser Satz?（意思）

(7) Dieser Schaffner ist gegenüber den Fahrgästen sehr warmherzig.（对）

(8) Obwohl sie nicht lange bei ihr zu Hause waren, haben sie sich gut amüsiert.（虽然…但是）

(9) Wie drückt man das auf Chinesisch aus?（怎么）

(10) Sofort nachdem sie einen Brief von Palanka erhalten hatte, schrieb Ding Yun ihr einen Antwortbrief. (一…就…)

4. 阅读下面的小笑话，然后复述：Lesen Sie den Scherz und erzählen Sie ihn nach:

一位老人给远方的儿子写了一封信，说："孩子，家里要买一些东西，你给我寄点儿钱来吧。"

半个月以后，他收到他儿子的回信。信上写着："爸爸，您要我寄钱的那封信，我没有收到。"

5. 看图回答问题：Beantworten Sie Fragen anhand der Bilder:

(1)

古波住在哪儿？

他住在几层？

他住在多少号？

(2) 

老师站在哪儿？

学生坐在哪儿？

老师讲完了课没有？

学生回答完了老师的问题没有？

(3) 

昨天晚上看电影的时候，你跟谁坐在一起？

他坐在几排几号？

坐在你们旁边的是谁？

(4) 

你的自行车放在哪儿？

车上放着什么？

箱子里放着什么？

6．分角色朗读以下对话：Übernehmen Sie eine Rolle und lesen Sie den Dialog:

（古波和帕兰卡去看丁云的爸爸、妈妈。丁云姐姐的女儿小兰站在门口，一见到帕兰卡就非常高兴地叫……)

小　兰：妈妈，照片上的阿姨来了！

丁大娘：你们好！欢迎你们，请进！

帕兰卡：我们坐错车了，来晚了。

姐　姐：你们是远方来的客人，请坐，别客气。我给你们介绍一下儿，这是我爸爸、妈妈。这个小姑娘是我的女儿小兰。我们虽然没有见过面，但是我们在信里面早就认识了。

帕兰卡：大娘，您好。我们一到中国就想来看你们，总是没找到一个合适的时间。

丁大爷：你们刚来，工作、学习都很忙。今天有空儿来我们家看看，我们非常高兴。

古　波：您身体怎么样？工作很忙吧？

丁大娘：他身体很好。上月车间里选举，大家选他当车间主任。他比以前更忙了。我老了，已经从工厂退休了，只能在家里给他们作作饭。

丁大爷：她是人老心不老，虽然退休了，但是还参加街道工作。为了国家早点儿实现四个现代化，现在我们这些老人都是“老骥伏枥，志在千里”。

古　波：“老骥伏枥，志在千里”是什么意思？

姐　姐：这是曹操的一句诗，意思是说，马虽然老了，但是还想每天跑一千里(lǐ Chinesisches Längenmaß = 1/2Kilometer)路。

帕兰卡：这两句诗很有意思，请您给我写在本子上吧。

丁大娘：今天我给你们作点儿中国菜，都是丁云喜欢吃的。

古　波：别忙了，大娘。我们想早点儿回学校。

小　兰：叔叔、阿姨你们别走，我给你们唱一个歌儿，好吗？

帕兰卡：太好了，你唱什么歌儿？

小　兰：这个歌儿叫《远方的客人请你留下来》。……

古　波：唱得真好！

小　兰：叔叔、阿姨你们还要走吗？

帕兰卡：我们不走了，我们就留在这儿听你唱歌儿。

7. 给你的朋友写一封中文信。Schreiben Sie Ihrem Freund einen Brief auf Chinesisch.

汉字笔顺表

1	关	丷	關

		天		
2	选	先		選
		辶		
3	举	兴（⺍ 䒑 兴 兴）		舉
		扌（一 二 扌）		
4	任	亻		
		壬		
5	骥	马		驥
		冀	北	
			田	
			共	
6	伏	亻		
		犬		
7	枥	木		櫪
		历		
8	千	㇒ 二 千		
9	句	㇒ 勹 句		
10	虽	口		雖
		虫（中 虫 虫）		

11	然	肰	夕（丿 ク 夕 夕）	
			犬	
		灬		
12	但	亻		
		旦	日	
			一	
13	退	艮		
		辶		
14	街	彳		
		圭		
		亍		
15	阿			
16	姨	女		
		夷	一	
			弓	
			人	
17	邻	令		鄰
		阝		
18	居	尸		

4.	广播	（动）	guǎngbō	durchsagen, übertragen
5.	主席台	（名）	zhǔxítái	Tribüne
	主席	（名）	zhǔxí	Vorsitzender
6.	彩旗	（名）	cǎiqí	bunte Fahnen
	旗子		qízi	Flagge, Fahne, Banner
7.	比赛	（动、名）	bǐsài	Wettkampf, Match (mitmachen)
8.	观众	（名）	guānzhòng	Zuschauer
9.	激动	（形）	jīdòng	aufgeregt
10.	打（拳）	（动）	dǎ(quán)	(Schatten)boxen
11.	太极拳	（名）	tàijíquan	*chinesisches Schattenboxen*
12.	热烈	（形）	rèliè	stürmisch, heiß
13.	鼓掌		gǔ zhǎng	Beifall klatschen
14.	男子	（名）	nánzǐ	Mann
15.	保持	（动）	bǎochí	halten, bleiben
16.	记录	（名）	jìlù	Rekord
17.	名	（量）	míng	*ZEW für Personen, Platz, Rang*
18.	秒	（量）	miǎo	Sekunde
19.	打破		dǎpò	brechen
20.	…极了		…jíle	sehr, äußerst

二、注　释

1. “操场上正在广播。”

“Auf dem Sportplatz kommt über Lautsprecher eine Durchsage.”

2. “观众为他们热烈地鼓掌。”

“Die Zuschauer spenden ihnen warmen Applaus.”

3. “十一秒一。”

“11,1 Sekunden.”

4. “你今天跑得好极了!”

“极了”常放在形容词或某些动词的后边，表示达到最高的程度。如“大极了”、“难极了”、“高兴极了”、“喜欢极了”。

“极了” erscheint oft nach einem Adjektiv oder einem Verb und bedeutet “äußerst”, z,B. “大极了”, “难极了”, “高兴极了”, “喜欢极了”

5. “我比你只快 0.1 秒。”

“0.1”读作“零点一”。当一个数目带小数时，小数点以前按整数读法，小数点以后直接读出每个数字。中间的小数点读作“点”。如“22.45”读作“二十二点四五”，“0.02”读作“零点零二”。

“0,1” liest sich als “零点一”. Eine Zahl, die aus einer ganzen Zahl und einem Bruch besteht, liest sich so: Die Ziffern vor dem Komma als ganze Zahl; das Komma als “点” und die Dezimalstellen als einzelne Ziffern. “22,45” wird z.B. “二十二点四五” gelesen, “0,02” liest sich “零点零二”

三、看图会话

比较　Vergleich

他有爸爸……

爸爸……

1号楼比2号楼……

那种比这种……

小张比小王……

这张画儿跟那张……

四、语法小结

1. 四种比较的方法 Vier Arten des Vergleichs

(1) “跟…一样”表示比较 mit “跟…一样”

这本词典跟那本一样。

他高兴得跟孩子一样。

他退休以后还跟以前一样地关心车间的工作。

我要买一条跟你那条颜色一样的裙子。

"跟…一样"可以作谓语、状语、补语和定语。

"跟…一样" kann als Prädikat, Adverbialbestimmung, Ergänzung oder Attribut dienen.

(2) 用"有"表示比较 mit "有"

这个姑娘快有她妈妈高了。

这种花儿没有那种好看。

(3) 用"更"或"最"表示比较 mit "更" oder "最"

他打太极拳打得不错，他哥哥打得更好。

这次咱们班谁考试成绩最好？

注意：以上三种方法只用于一般地表示同异或差别。

Wichtig:Die genannten Methoden drücken einen generellen Vergleich aus, nicht die spezifischen Unterschiede.

(4) 用"比"表示比较 mit "比"

小张修自行车比我修得好。

那种汽车的质量不比这种好。

我们学校的操场比他们的大得多。

这种绸子比那种每米便宜五块钱。

用"比"进行比较，能表示出具体差别是多少。

"比" in einem Vergleich kann auf spezifische Unterschiede verweisen.

2. 语气助词"吧"、"呢"、"了" Die Modalpartikeln "吧", "呢" und "了"

"吧"

(1) 在表示请求、命令的句子里缓和语气

"吧" mildert den Ton von Gesuchen, Ratschlägen oder Befehlen.

请吧。

大夫，请给我量量血压吧。

再吃点儿吧。

(2) 表示不肯定的语气

"吧" zeigt Unsicherheit an.

我是丁云，你是帕兰卡吧？

你参加一百米比赛了吧？

今天星期五吧？

"呢"

(1) 在疑问句中缓和语气

"呢" mildert den Ton in Fragesätzen:

我们在哪儿停车呢？

咱们坐不坐公共汽车呢？

(2) 在陈述句中表示确认事实，使对方信服

"呢" unterstreicht die Wahrheit einer Aussage.

她现在还能在街道上作一些工作呢。

还早呢，再玩儿玩儿吧。

(3) 表示疑问

"呢" dient der Bildung einer Frage.

我很好，你呢？

古波呢？

(4) 表示动作正在进行或持续

"呢" zeigt an, daß eine Aktion im Gange ist oder andauer t

他们唱歌呢。

外边下着雨呢。

"了"

(1) 肯定某件事或某个情况已经发生

"了" zeigt an, daß etwas schon stattgefunden hat:

我去中国大使馆办签证了。

他们的车间主任已经退休了。

这个工厂的生产比以前提高了。

(2) 表示劝告或禁止的语气

“了” deutet Ratschlag oder Warnung an.

别难过了，明年我们去中国看他们。

别留他了，他还有事情呢。

这是谁的茶碗？别拿错了。

(3) 表示情况的变化

“了” zeigt veränderte Umstände an.

现在是秋天了。

树上的叶子都红了。

他愿意参加运动会了。

她一说，小姑娘就不哭了。

前边要拐弯了，请大家坐好。

练习

1. 在空白处填上一个字，组成词或词组：Bilden Sie durch Einsetzen jeweils eines Schriftzeichens, Wörter oder Ausdrücke:

上：上___ 上___ 上___ 上___ 上___ 上___

下：下___ 下___ 下___ 下___ 下___ 下___
　　下___ 下___

开：开___ 开___ 开___ 开___

打：打___ 打___ 打___

接：接___ 接___ 接___ 接___

看：看___ 看___ 看___ 看___ 看___ 看___ 看___

员：___员 ___员 ___员 ___员 ___员

子：___子 ___子 ___子 ___子 ___子 ___子 ___子
　　___子 ___子 ___子 ___子 ___子 ___子 ___子

2. 将下列句子翻译成汉语：Übersetzen Sie:

(1) Diese Werkstatt ist größer als jene.

(2) Das Spracheninstitut hat viel weniger Studenten als das Institut für Hüttenwesen.

(3) Palanka kann nicht so schnell radfahren wie Gubo.

(4) Dieser Anzug kostet 12 Yuan weniger als der da, und die Qualität ist auch nicht so gut.

(5) Steigt die Produktion in dieser Fabrik genauso schnell wie in jener?

(6) Dieses Auto hat dieselbe Farbe wie jenes.

(7) Ist die Geschichte, die du gehört hast, dieselbe, die ich dir erzählt habe?

(8) Er hat genauso viele Wörter gelernt wie du, aber er hat nicht so viele behalten.

(9) In unserer Klasse kann Xiao Wang Taijiquan (Schattenboxen) am besten.

(10) Ich mag Beijing-Oper.

3. 选择适当的语气助词"吧"、"呢"或"了"填入下面的对话中：
Setzen Sie die Modalpartikeln "吧", "呢" oder "了" ein:

(1) A：你下星期能看完这本书＿？

B：我这星期就能看完这本书＿。

(2) A：我不想今天去＿。

B：我们还是明天一起去＿。

(3) A：他们在看病＿？

B：不，他们检查身体＿。

(4) A：咱们听什么＿？

B：咱们听新闻广播＿。

(5) A：听，刮风＿。

B：还下着雨＿。

4. 在下列对话中填入适当的结果补语：Setzen Sie geeignete Resultativ-Ergänzungen ein:

A：运动会开始了没有？

B：刚开始，太极拳已经打___了。我星期二给你的信，你收___了吗？

A：收___了。知道你们今天开运动会，我很想来看。一上___课，我就骑车来了。只用了半个小时就骑___了。

B：你骑得真快。你吃了午饭没有？

A：没有，我看___商店里有面包就买了两个。

B：你真是一位好观众。咱们就站___这儿看吧？

A：坐___主席台旁边比这儿好。

B：好吧。我们一起去。

A：你看，百米(比)赛已经开始了，古波和小张快跑___终点了。

5. 先看图说话，然后阅读后边的短文：Beschreiben Sie die Bilder und lesen Sie den nachfolgenden Text:

我和帕兰卡…　　…小张在窗口买票　　进电影院…

她帮助我们…　　这个片子很长　　…小张回家了

我和帕兰卡七点一刻走到电影院(diàn-yǐngyuàn Kino)的时候，看见小张站在窗口买票。我们站住问他：“买到票了没有？”他很高兴地告诉我们：“买到了七点半的电影票。”进电影院的时候，我们准备好了票，给检查票的同志看了看，她帮助我们找到了座位。我们三个人坐在一起。这个电影很长，演到九点半。看完电影，小张就回家了。我和帕兰卡十点半回到了学校。

6. 改正下列错句：Korrigieren Sie diese Sätze:

(1) 新马路比旧马路最长。

(2) 比那个公园，这个公园大一点儿。

(3) 今天晚上我完了练习就看电视。

(4) 这套茶具一样跟那套。

(5) 他听有人敲门。

(6) 今天比昨天很冷。

(7) 我看了他在那儿。

(8) 他这次考试成绩比她不高。

(9) 哥哥比妹妹三岁大。

(10) 她爸爸希望他们学中文好。

五、语音语调

1. 词组与长句的节奏 Der Rhythmus bei Wortgruppen und langen Sätzen

(1) 词组的节奏 Rhythmus bei Wortgruppen

词组是几个音节组成的意义单位，在长句朗读中常占一个节拍。因词组的音节多，读时要紧促一些。四或五个汉字的词组，一般可分为两组，它们的时值相等。例如：

Eine Wortgruppe ist eine Sinneinheit, die aus mehreren Silben besteht. Eine Wortgruppe als Teil eines langen Satzes bildet einen Takt. Eine Wortgruppe mit vielen Silben wird schnell gesprochen. Eine Wortgruppe aus 4-5 Schriftzeichen läßt sich gewöhnlich in zwei Untergruppen teilen, die beide dieselbe Zeit beanspruchen. Z.B.:

车间主任　　提高质量

高兴地说　　骑自行车

四个现代化　　爸爸和妈妈

(2) 长句的节奏　Rhythmus bei langen Sätzen

长句子可以按句子的成分划分为几个词组，然后按词组的节奏来读。音节多的读得紧促一些，音节少的读得舒缓一些。这样能使句子的节奏鲜明，语意清楚。例如：

Ein langer Satz kann entsprechend den grammatischen Beziehungen in verschiedene Wortgruppen eingeteilt und so gelesen werden. Eine Wortgruppe mit mehr Silben sollte etwas schneller gelesen als solche mit weniger Silben, sodaß der ganze Satz eine markante rhythmische Äußerung ist und die Bedeutung klar hervortritt. Z.B.:

你穿了中山装/就跟中国人一样了。

请同志们/下车的时候/带好

自己的东西。

我们找到你家的时候/已经很晚了。

我觉得/这句话很好，/就请你姐姐

/给我写在本子上了。

2. 意群重音(7) Sinngruppen-Akzent(7)

(1) 主语+介词结构(状语)+动词，一般状语重读，但介词不重读，而是介词后面的名词或代词重读。例如：

In einer Konstruktion aus Subjekt + Präpositional- Struktur (Adverbialbestimmung) + Verb wird die Adverbialbestimmung gewöhnlich akzentuiert, die Präposition nicht, aber die folgenden Nomen oder Pronomen werden akzentuiert. Z.B.:

百货大楼比这儿大。

景德镇的瓷器比玉白。

他比以前年轻了。

(2) 主语+介词结构(状语)+动词+宾语，一般宾语重读。如句子较长，可分为两个意群，在介词结构后稍停顿。介词的宾语和动词的宾语都重读。例如：

In einer Konstruktion aus Subjekt + Präpositional- Struktur (Adverbialbestimmung) + Verb + Objekt wird gewöhnlich das

Objekt akzentuiert: Ist der Satz lang, kann er in zwei Sinngruppen geteilt werden mit kurzer Pause nach der Präpositional- Struktur. Das Objekt der Präposition und des Verbs werden akzentuiert. Z.B.:

古波比帕兰卡/注意语法。

我朋友比我了解情况。

他们在平安里下车。

(3) 主语+介词结构(状语)+动词+补语，一般补语重读。长句可分为几个意群。介词后的名词与代词跟补语都可重读。例如：

In einer Konstruktion aus Subjekt + Präpositional- Struktur (Adverbialbestimmung) + Ergänzung wird gewöhnlich die Ergänzung akzentuiert. Ist der Satz lang, kann er in verschiedene Sinngruppen geteilt werden. Nomen und Pronomen nach der Präposition und die Ergänzung können alle akzentuiert werden. Z.B.:

他比我小三岁。

古波比帕兰卡/多花七十多块钱。

你比小张/跑得快。

(4) 主语+动词+补语，补语重读。例如：

In einer Konstruktion aus Subjekt + Verb + Ergänzung wird gewöhnlich die Ergänzung akzentuiert. Z.B.:

你听懂了吗？

——我听懂了。

你没听错吗？

——我没听错。

（5）主语 + 动词 + 补语 + 宾语，宾语重读。例如：

In einer Konstruktion aus Subjek + Verb + Ergänzung + Objekt wird gewöhnltch das Objekt akzentuiert. Z.B.:

他看懂了这封中文信。

她唱完歌儿了。

我们要永远记住这一天。

汉字笔顺表

1	运	云（一 二 云 云）		運
		辶		
2	动	云		動
		力		
3	操	扌		
		喿	品（口 吕 品）	
			木	
4	广			廣

5	播	扌			
		番			
6	席	广			
		廿			
		巾			
7	彩	采			
		彡			
8	旗	方			
		⿱𠂉其	𠂉		
			其		
9	众	人			衆
		从			
10	激	氵			
		⿱白方	白		
			方		
		文			
11	拳	龹（丶 丷 䒑 兰 𠔉 龹）			
		手			
12	烈	列	歹	一	

				夕	
			刂		
		灬			
13	鼓	壴	士		
			豆		
		支			
14	掌	龸			
		口			
		手			
15	保	亻			
		呆	口		
			木		
16	持	扌			
		寺			
17	录				錄
18	秒	禾			
		少			
19	极	木			極
		及			

20	破	石
		皮（⼀ ⺁ 广 皮）

INFO

Die Verwaltungsebenen in China

In China gibt es drei Verwaltungsebenen: Provinzen (einschließlich regierungsunmittelbare Städte und autonome Gebiete), Kreise und Gemälde. Auf Provinzebene gibt es 30 Einheiten: 22 Provinzen, 5 autonome Gebiete und 3 regierungsunmittelbare Städte.

Name	Abkürzung	Provinzhauptstadt
北京市 Beijing Shi	京 Jing	
上海市 Shanghai Shi	沪 Hu	
天津市 Tianjin Shi	津 Jin	
河北省 Hebei Sheng	冀 Ji	石家庄 Shijiazhuang Shi
山西省 Shanxi Sheng	晋 Jin	太原市 Taiyuan Shi
内蒙古自治区 Nei Monggol Zizhiqu	内蒙古 Nei Monggol	呼和浩特市 Huhhot Shi

辽宁省 Liaoning Sheng	辽 Liao	沈阳市 Shenyang Shi
吉林省 Jilin Sheng	吉 Ji	长春市 Changchun Shi
黑龙江省 Heilongjiang Sheng	黑 Hei	哈尔滨市 Ha'erbin Shi
山东省 Shandong Sheng	鲁 Lu	济南市 Jinan Shi
河南省 Henan Sheng	豫 Yu	郑州市 Zhengzhou Shi
江苏省 Jiangsu Sheng	苏 Su	南京市 Nanjing Shi
安徽省 Anhui Sheng	皖 Wan	合肥市 Hefei Shi
浙江省 Zhejiang Sheng	浙 Zhe	杭州市 Hangzhou Shi
江西省 Jiangxi Sheng	赣 Gan	南昌市 Nanchang Shi
福建省 Fujian Sheng	闽 Min	福州市 Fuzhou Shi
台湾省 Taiwan Sheng	台 Tai	
湖北省 Hubei Sheng	鄂 E	武汉市 Wuhan Shi
湖南省 Hunan Sheng	湘 Xiang	长沙市 Changsha Shi
广东省 Guangdong Sheng	粤 Yue	广州市 Guangzhou Shi
广西壮族自治区 Guangxi Zhuangzu Zizhiqu	桂 Gui	南宁市 Nanning Shi
甘肃省 Gansu Sheng	甘 Gan 或陇 Long	兰州市 Lanzhou Shi
青海省 Qinghai Sheng	青 Qing	西宁市 Xining Shi

宁夏回族自治区 Ningxia Huizu Zizhiqu	宁 Ning	银川市 Yinchuan Shi
陕西省 Shaanxi Sheng	陕 Shan	西安市 Xi'an Shi
新疆维吾尔自治区 Xinjiang Uygur Zizhiqu	新 Xin	乌鲁木齐市 Ürümqi Shi
四川省 Sichuan Sheng	川 Chuan 或 蜀 Shu	成都市 Chengdu Shi
贵州省 Guizhou Sheng	贵 Gui 或 黔 Qian	贵阳市 Guiyang Shi
云南省 Yunnan Sheng	云 Yun或滇 Dian	昆明市 Kunming Shi
西藏自治区 Xizang Zizhiqu	藏 Zang	拉萨市 Lhasa Shi

第四十一课

一、课文

我给你们带来一位向导

（古波、帕兰卡在景山公园里。帕兰卡看见张华光正在公园门口买票）

帕兰卡：喂，小张，我们在这儿呢。

张华光：我们就来。（对哥哥）哥哥，他们已经进去了，咱们也进去吧。

（他们走进公园）

张华光：对不起，我们来晚了。

帕兰卡：没关系。我和古波在外边等了一会儿，古波着急，我们就先进来了。

张华光：这是我哥哥，张华明。

帕兰卡：你好。

张华明：你好。

张华光：古波呢？

帕兰卡：他象孩子一样，看见那个亭子好看，就上山去了。

古　波：谁是孩子？我来了。（对张华明）你好。小张，你怎么现在才来？

张华光：今天车真挤。我起床以后洗了洗衣服，八点就从家里出来了，在路上花了一个多小时才到这儿。

帕兰卡：是啊，今天外边人多极了。

张华明：星期天大家都喜欢到公园来玩儿，或者到商店去买东西。

张华光：今天我给你们带来一位向导，我哥哥是汽车司机，他对北京很了解，让他给咱们好好儿介绍介绍。

古　波：小张，你想得真周到。谢谢你们。

张华明：不谢。今天我休息，也想到公园来玩儿。我们从西边上山吧。这儿从前是皇帝的花园，也是北京城最高的地方。站在景山上，北京的街道、建筑都看得清清楚楚。要是天气好，就能看得更远。

古　波：下边是故宫吗？

张华明：对。

帕兰卡：最前边的那个高高的建筑是什么？

张华明：那是天安门。你看见前边的广场吗？那就是天安门广场。

古　波：这个地方美极了。帕兰卡，你带照相机来了吗？快过来给我们照一张。

帕兰卡：好。你们就站在那儿。

……

张华明：我们从东边下去，走到山脚下就能看见崇祯皇帝吊死的地方。

帕兰卡：皇帝吊死的地方？我听说有一本小说写到了这个皇帝的故事。

张华光：对，这本小说叫《李自成》。你们看过吗？

古　波：我还没看过。

张华光：你们应该看看这本小说。这本书可以帮助你们了解中国历史。一会儿我们从东门出去吧。

生　词

1.	向导	（名）	xiàngdǎo	Führer
2.	门口	（名）	ménkǒu	Eingang, Tor
3.	对不起		duì bù qǐ	Entschuldigen Sie!
4.	没关系		méi guānxì	keine Ursache
5.	一会儿	（名）	yíhuìr	ein Moment
6.	亭子	（名）	tíngzi	Pavillon
7.	山	（名）	shān	Berg
8.	才	（副）	cái	erst
9.	挤	（形、动）	jǐ	gedrängt; drängen
10.	洗	（动）	xǐ	waschen
11.	司机	（名）	sījī	Fahrer
12.	周到	（形）	zhōudào	umsichtig
13.	西边	（名）	xībiān	Westen; westlich
14.	皇帝	（名）	huángdì	Kaiser
15.	建筑	（名、动）	jiànzhù	Bau, Gebäude; bauen
16.	清楚	（形）	qīngchu	klar
17.	要是	（连）	yàoshi	wenn
18.	广场	（名）	guǎngchǎng	Platz
19.	美	（形）	měi	schön

20.	照相机	（名）	zhàoxiàngjī	Kamera
21.	过	（动）	guò	herkommen, vorbeigehen
22.	脚	（名）	jiǎo	Fuß
23.	吊	（动）	diào	sich erhängen
24.	死	（动）	sǐ	tot sein, sterben
25.	听说		tīng shuō	Man sagt…
26.	小说	（名）	xiǎoshuō	Novelle, Roman
27.	出	（动）	chū	ausgehen

专　　名

1.	景山公园	Jǐngshān Gōngyuán	*Park in Beijing*
2.	景山	Jǐngshān	*Berg im Jingshan-Park*
3.	张华明	Zhāng Huámíng	*Personenname*
4.	故宫	Gùgōng	Kaiserpalast
5.	天安门广场	Tiān'ānmén Guǎngchǎng	Tienanmen-Platz
6.	崇祯	Chóngzhēn	Kaiser Chongzhen
7.	李自成	Lǐ Zìchéng	*Personenname*

补 充 词

1. 售票处 (名) shòupiàochù Schalter für Eintrittskarten
2. 讲解员 (名) jiǎngjiěyuán Führer
3. 丢 (动) diū verlieren
4. 广播室 (名) guǎngbōshì Senderaum
5. 摩托车 (名) mótuōchē Motorrad
6. 旅馆 (名) lǚguǎn Hotel
7. 广播员 (名) guǎngbōyuán Ansager, Radiosprecher

二、注 释

1. "他象孩子一样。"

"象…一样"也可以作谓语、定语或状语表示比较。

Der Ausdruck "象…一样" kann als Prädikat, Attribut oder Adverbialbestimmung dienen, um einen Vergleich auszudrücken.

2. "小张，你怎么现在才来?"

与"就"相反，副词"才"常表示事情发生得晚、慢或进行得不顺利。例如:"这个故事我听了三遍才听懂。"

Im Unterschied zu "就" zeigt das Adverb "才" an, daß eine Aktion nicht so früh oder schnell oder glatt ablief wie erwartet, z. B. "这个故事我听了三遍才听懂。"

3. "走到山脚下就能看见崇祯皇帝吊死的地方。"

"Wenn wir zum Fuß des Berges kommen, können wir sehen, wo Kaiser Chongzhen sich erhängte."

崇祯是中国明朝最后一个皇帝。1644年因李自成领导的农民起义军打进北京，他在景山的一棵树上吊死了。

Chongzhen, der letzte Kaiser der Ming-Dynastie, erhängte sich 1644 an einem Baum auf dem Jingshan-Hügel, als die Truppen des Bauernaufstands unter Li Zicheng in die Stadt Beijing eindrangen.

4. “我听说有一本小说写到了这个皇帝的故事。”

“到”作“说、谈、写、问”等动词的结果补语时，可以表示这些动作涉及到的内容。如“说到这件事儿”“谈到学校的情况”、“问到这个问题”。

In Kombination mit Verben wie “说”, “谈”, “写” oder “问” bedeutet “到” als Resultativ-Ergänzung “in Bezug auf” oder “betreffs”, z.B. “说到这件事儿”, “谈到学校的情况”, “问到这个问题”。

5. “这本小说叫《李自成》。”

《李自成》是一部反映明朝末年农民起义的历史小说，全书分五卷，作者是姚雪垠。小说第一卷于1963年出版，1976年出版了第二卷。

“李自成” ist der Titel eines fünfbändigen Romans von Yao Xueyin. Er beschreibt den Bauernaufstand in den letzten Jahren der Ming-Dynastie. Die ersten beiden Bände erschienen 1963 bzw. 1976.

6. “一会儿我们从东门出去吧。”

“Gleich gehen wir durch das Osttor raus.”

这里的“一会儿”是“过一会儿”的意思。

“一会儿” bedeutet hier “gleich” oder “in ein paar Minuten”.

三、替换与扩展

（一）

1. 你们在公园外边等我了吧？

我们等了你一会儿，就先进来了。

学校里，	出
山脚下，	上
操场上，	回
亭子里，	下
售票处*，	过

2. 你看见他们了吗？

他们在山上，你快上去吧。

楼下，	下
房间里，	进
门口，	出
公园里，	进
广场上，	过

3. 小张在吗？

不在，他回家去了。

回，	宿舍
进，	城
上，	主席台
下，	楼
到，	北海

4. 你们带照相机来了吗？

我们没带照相机来。

语法书	本子
词典	行李

5. 你给他寄去了什么？

我给他寄去了二十块钱。

送，	几本小说
带，	一些点心
寄，	一套茶具

6. 我给你们带来了一位向导。

太好了，你想得真周到。

找， 一位司机
送， 运动会的票
买， 天安门广场的图片
拿， 吃的东西
请， 讲解员*

7. 你明天出去吗？

要是天气好我就出去。

回来，	不下雨
到机场去，	有时间
进城去，	洗完衣服
上香山去，	接到我朋友的电话

（二）

1. 广播找人 Jdn. über Lautsprecher ausrufen

语言学院的古波同学请注意：听到广

播以后，请到门口去。有人找您。

*　　*　　*

哪位同志丢*了小孩儿，请到广播室*来。

2. 拜访　Jdn. besuchen

A：请问，王主任在吗？

B：在。他在里边等您呢，请进去吧。

A：（敲门）可以进来吗？

C：啊，你来了，快进来吧。

……

A：你忙吧，我该回去了。

C：有什么问题，你再来找我。

A：谢谢。你不要出来了。

C：好，我不送了。慢慢儿走。

3. 建议　Einen Vorschlag machen

A：今天天气真好，下午我们出去走走，怎么样？

B：好啊，咱们到哪儿去呢？

A：咱们进城去吧。听说最近书店里有一些新小说。

B：城里太挤，还是到公园去吧。

A：也好。可是不能回来得太晚，晚上我有事儿。

4．给人带东西　Jdm. etwas bringen

A：她要的小说《李自成》，你买来了没有？

B：买来了。可是我没有带来，放在家里了。明天我给你送来吧。

A：不用了。还是我去拿吧。明天下午我进城给她送去。

*　　*　　*

四、阅读短文

一 封 电 报

一天晚上，已经快八点了。一辆摩托车*开到人民旅馆*门口。一会儿，从门口进来一个穿绿衣服的人。他是邮局送电报 (diàn bào, Telegramm) 的老高同志。

老高一进门就问旅馆*的服务员：“李云亭同志住在几号房间？这儿有他的电报。”

服务员接过电报看了看说：“啊！李云亭刚走。他要坐晚上八点半的火车回西安 (Xī'ān, *Name einer Stadt*) 去。他等电报等到七点多钟才离开这儿。你要是早来半个小时，他就能收到这封电报了。”

老高一看表，刚过八点，离开车的时间还有二十多分钟。他想了想，又问服务员：“这个同志穿的是什么衣服？”

“灰中山装。他跟我一样高，瘦瘦的……”

“谢谢你，再见！”老高骑上摩托车*就往火车站开去。

车站里人多极了，到哪儿去找李云亭呢？这时，老高同志听到广播说：“开往西安的179次车，还有十分钟就要开车了。……”他高兴地说：“对！去找车站广播室*。”

“同志，我是邮局送电报的。这儿有一封电报，要找一个人……请您广播一下儿。”

“好，我现在就广播。”广播员*说，“去西安的李云亭同志，请你快到广播室*来一下儿，有你的电报……”

广播员*广播了两遍。

老高站在广播室*门口，着急地等着。一会儿，一个瘦瘦的穿灰中山装的人跑来了。老高问他："您是李云亭同志吗？"

"是啊，我是李云亭。"

"这是您的电报，请在这儿写上您的名字。"

李云亭看完电报，激动地对老高说："这是工厂给我来的电报，让我先留在这儿，还有事儿要办。同志，太感谢您了！"

"不用谢，再见！"

五、语　法

1. 简单趋向补语　Die einfache Richtungsergänzung

一些动词后边常用"来"或"去"作补语，表示动作的趋向，这种补语叫简单趋向补语。如果动作是向着说话人或所谈的事物进行的，就用"来"；如果是朝着相反的方向进行，就用"去"。例如：

"来" und "去" stehen oft nach Verben, um die Richtung einer Bewegung anzuzeigen. Ergänzungen dieses Typs heißen "Einfache Richtungsergänzung". Ist die Bewegung auf den Sprecher oder die angesprochene Sache hin gerichtet, dann wird "来" verwandt. Geht die Bewegung vom Sprecher weg, dann steht "去". Z.B:

下雨了，你们都进来吧。（说话人在里边）

李老师不在家，他出去了。（说话人在家里）

带简单趋向补语的动词，如果有宾语，宾语是表示处所的词或词组，一定要放在动词和补语之间。这类句子的动词不能带动态助词"了"，只能在句尾用语气助词"了"表示事情已经发生。

Folgt einem Verb mit einfacher Richtungsergänzung ein Nomen oder Ortsangabe als Objekt, dann steht dieses Objekt zwischen Verb und Ergänzung. In einem Satz dieser Art darf dem Verb nicht die Aspektpartikel "了" folgen, doch der Satz kann zum Zeichen der Vergangenheit der Aktion mit der Modalpartikel "了" enden.

名词或代词 Nomen oder Pronomen	副词 Adverb	动词 Verb	名词（处所） Nomen (der Ortsangabe)	"来"或"去" "来" oder "去"	助词 Partikel
我	常常	到	上海	去。	
	快	进	屋里	来	吧。
他	没有	回	宿舍	去。	
大夫		下	楼	来	了。

如果宾语是表示一般的事物的词或词组，也常放在动词和补语之间。例如：

Auch wenn das Objekt kein Nomen und keine Ortsangabe ist, steht es zwischen Verb und Ergänzung. Z.B.:

名词或代词 Nomen oder Pronomen	副词 Adverb	动词 Verb	助词 Partikel	名词或代词 Nomen oder Pronomen	“来”或“去” “来” oder “去”	助词 Partikel
我		想带		照相机	去。	
他	没有	打		电话	来	吗？
我们		寄	了	一封信	去。	

这类宾语——特别是在动作已经完成的情况下——还可以放在补语之后。例如：

Objekte dieses Typs können auch der Ergänzung folgen, besonders dann, wenn die angesprochene Aktion bereits ausgeführt ist. Z.B.:

名词或代词 Nomen oder Pronomen	副词 Adverb	动词 Verb	“来”或“去” “来” oder “去”	助词 Partikel	名词或代词 Nomen oder Pronomen
我		带	去	了	照相机。
他	没有	打	来		电话。
我们		寄	去	了	一封信。

从上面两个表中可以看出：当宾语不是表示处所的词或词组时，可以用动态助词“了”表示完成。如果动词和趋向补语被宾语隔开，“了”就紧跟在动词之后宾语之前；如果动词和趋向补语在一起时，“了”就放在趋向补语之后，宾语之前。

Wie aus obigen beiden Schemata ersichtlich, kann die Aspektpartikel "了" die Abgeschlossenheit einer Aktion anzeigen, wenn das Objekt weder ein Nomen noch eine Ortsangabe ist. "了" steht zwischen Verb und Objekt, wenn das Verb von der Richtungsergänzung durch das Objekt getrennt ist. "了" steht zwischen Ergänzung und Objekt, wenn die Richtungsergänzung dem Verb unmittelbar folgt.

2. 形容词重叠 Verdoppelung von Adjektiven

一部分形容词可以重叠。单音节形容词重叠，在口语中第二个音节常常变为第一声，并儿化，如"好好儿"、"慢慢儿"；双音节形容词重叠的方式是"A A B B"式，重音落在第四个音节上，如"清清楚楚"、"高高兴兴"。

Bestimmte Arten von Adjektiven können wiederholt werden. Im gesprochenen Chinesisch erhält die zweite Silbe eines verdoppelten einsilbigen Adjektivs oft den Ersten Ton und wird retroflex, z.B. "好好儿", "慢慢儿". Zweisilbige Adjektive werden nach dem Schema AABB verdoppelt, Akzent auf der vierten Silbe, z.B. "清清楚楚", "高高兴兴"。

形容词重叠后常作状语，表示性质的程度加深。单音节形容词重叠后作状语，可以不加结构助词"地"，双音节形容词重叠后一般需要加"地"。重叠后的形容词作补语或定语，则带有更深的描绘意味，有时还有喜爱、赞扬等感情色彩。形容词重叠后，作定语时一般要用"的"。例如：

Verdoppelte Adjektive haben oft adverbiale Funktion und zeigen an, daß die Eigenschaft des bezüglichen Adjektivs in einem größeren Maße vorhanden ist. Einem verdoppelten einsilbigen Adjektiv in adverbialer Funktion folgt gewöhnlich kein "地", aber einem verdoppelten zweisilbigen Adjektiv muß "地"

folgen. Als Ergänzungen oder Attribute sind verdoppelte Adjektive gewöhnlich eher beschreibend und drücken Gefühle wie Freude oder Bewunderung aus. Nach verdoppelten Adjektiven in attributiver Funktion steht gewöhnlich "的". Z.B.:

别着急，慢慢儿念。

孩子们高高兴兴地到学校去了。

他是个很好的向导，给我们介绍得清清楚楚。

他女儿有一双大大的眼睛，非常象她妈妈。

注意：并非任何形容词都能重叠，比如，不能说"错错"、"聪聪明明"、"热热烈烈"。

Wichtig: Nicht alle Adjektive können verdoppelt werden. Falsch ist z.B. "错错", "聪聪明明", "热热烈烈"。

3. "要是…就…" Die Konstruktion "要是…就…"

副词"就"可以表示承接上文、作出结论。前边的分句常用连词跟"就"呼应，表示条件、目的、原因等。"要是…就…"的前一分句常表示假设。例如：

Das Adverb "就" kann zwei Teilsätze in einer Folgerung verbinden. Gewöhnlich steht im ersten Teilsatz eine Konjunktion, die gemeinsam mit "就" die Klammer bildet, um Bedingung, Zweck, Grund usw. auszudrücken. Der erste Teil eines Satzes mit "要是…就…" drückt gewöhnlich eine Bedingung aus. Z.B.:

要是你每天都锻炼，你的身体就会很健康。

他要是不来，我们就去找他。

“就”的前边也可以不用连词。例如：

Auch nach einem vorhergehenden Teilsatz ohne Konjunktion kann “就” stehen. Z.B.:

古波着急，我们就先进来了。

他没有听懂，老师就又讲了一遍。

练习

1. 读下列词组：Lesen Sie laut:

等一会儿　想一会儿　骑一会儿

站一会儿　洗一会儿　检查了一会儿

研究了一会儿　了解了一会儿

广播了一会儿

进来　出去　上来　下去　回来　过去

拿去了一套茶具　带来了一封信

送去了几本小说　打来了一个电话

找了一位司机来　寄了五十块钱去

到北京来了　下楼去了

高高的　长长的　瘦瘦的　慢慢的

薄薄的　白白的　早早的　短短的

远远的　红红的　辛辛苦苦的

认认真真的　清清楚楚的

2. 根据说话人的位置用"来"或"去"填空： Setzen Sie je nach Standort des Sprechers "来" oder "去" ein:

(1) 他们已经进____了。(说话人在外边)

(2) 请大家从东门出____吧，汽车在门口等你们。(说话人在里边)

(3) 古波跟他的朋友从景山下____了。(说话人在山下)

(4) 小张星期六吃了晚饭以后就回家____了。(说话人在学校)

(5) 我的朋友昨天给我送____了三个本子。

3. 用副词"就"完成下列句子： Vervollständigen Sie die Sätze mit dem Adverb "就":

例：他等了你半天了，你还没回来，

他__________。

→他等了你半天了，你还没回来，

他就走了。

(1) 你先下楼去等我，我一会儿________。

(2) 古波和帕兰卡刚下了飞机，小张______。

(3) 她觉得今天有点儿热，她__________。

(4) 他听说书店有《李自成》这本小说，他

__________。

(5) 要是古波听懂了老大爷的话，他们

__________。

(6) 要是商店里有绸面儿的棉袄，帕兰卡

__________。

4. 将下列句子翻译成汉语：Übersetzen Sie:

(1) Entschuldigung, das habe ich ganz vergessen.（对不起）

(2) Entschuldigen Sie, kann ich mal telefonieren?（对不起）

(3) Er kam um 8 Uhr zum Sportplatz, obwohl die Sportveranstaltung erst um 9 anfing.（就，才）

(4) Erst heute habe ich die Gelegenheit, dieses Gebäude zu

besuchen, obwohl ich immer davon gehört habe.（才，就）

(5) Xiao Zhang ist nicht da. Er ist gerade rausgegangen, aber er wird in einer Minute zurück sein.（出去了，回来）

(6) Ich komme nicht mit rein, aber könntest du ihm sagen, daß wir morgen das Palastmuseum besuchen?（进去，到…去）

(7) Letzten Monat hat mir mein Bruder zwei Chinesische Romane gekauft. Einen habe ich meiner Schwester geschickt.（买来，送去）

(8) Wenn die Busse zu voll sind, fahren wir mit dem Fahrrad.（要是…就…）

5. 把下列句子中的形容词改成重叠形式：Verdoppeln Sie die unterstrichenen Adjektive:

例：他们很高兴地上山去了。

→他们高高兴兴地上山去了。

(1) 上次他来晚了，很不好意思。今天他很早地来到公园门口。

(2) 她非常客气地对他说："对不起，我今天很忙。"

(3) 那本小说的故事我现在还记得很清楚。

(4) 他今天穿得很漂亮。

(5) 他每天都认真地打太极拳。

6. 看图说话：Beschreiben Sie die Bilder:

A：水真好，

你们快…

B：…

A：这儿好看极了，

快…

B：…

A：里面有什么？

我们…

B：…

A：我们从西边…

B：从东边…

汉字笔顺表

1	亭			
2	才	一 十 才		纔
3	挤	扌		擠
		齐	文	
			丿	
4	司			
5	周	冂		
		吉	土	
			口	
6	皇	白		
		王		
7	帝	产	（丶 亠 亠 亣 产 产）	
		巾		
8	筑	⺮		築
		巩	工	
			凡（几 凡）	
9	清	氵		

		青	
10	楚	林（木 林）	
		疋（乛 丅 下 𤴓 疋）	
11	美	𦍌	丷
			王
		大	
12	脚	月	
		去	
		卩	
13	吊	口	
		巾	
14	死	歹	一
			夕
		匕	

第四十二课

一、课　文

今天的照片洗不好了

（在天安门前）

帕兰卡：古波，这个石狮子象真的一样。

古　波：来，在这儿照张相。

帕兰卡：天安门照得上照不上？

古　波：照得上。还能照得上那个……帕兰卡，你知道那叫什么？

男　孩：（在旁边回答）那叫华表。

帕兰卡：啊，小朋友，谢谢你。这个漂亮的小姑娘是你妹妹吗？

男　孩：是。爷爷带我们来玩儿，他去买冰棍儿了。

女　孩：阿姨好，叔叔好！

帕兰卡：你好。过来，跟阿姨一起照张相吧。

古　波：笑一笑。好。

（老大爷走来）

老大爷：小红、小冬，你们都在这儿！我刚走开，就找不到你们了。快来吃冰棍儿。

古　波：老大爷，您好！

老大爷：你们好。到天安门来照相，是吗？

帕兰卡：是啊，这儿很美。

老大爷：你们看：天安门、华表、石狮子都是典型的中国古典建筑——我的话你们都听得懂吗？

古　波：听得懂。老大爷，天安门有多高？

老大爷：天安门有三十多米高。这个广场站得下一百万人。中间是人民英雄纪念碑，上边有毛主席写的字，你们看得见吗？

帕兰卡：看得见。

老大爷：广场西边的人民大会堂、东边的中国历史博物馆，这些都是中国最有名的现代建筑。

古　波：老大爷，您对建筑艺术很有研究啊！

老大爷：哪里，我以前是建筑工人。1959年修建人民大会堂，我也参加了。里边的大礼堂有七十六米宽、六十米长，一共有三层，每层都坐得下几千人。这么大的建筑，那时候只用了十个月就完成了。

帕兰卡：真快！您今年多大岁数了？身体真好啊！

老大爷：我今年六十九岁，已经退休了。现在干不了重活儿，路也走不动了，但是眼睛还看得清楚，耳朵也听得见。身体好的时候，我就去工地看看。

女　孩：我爷爷是工地顾问，家里还有奖状呢。

古　波：好，今天的照片洗好了，可以挂在爷爷的奖状旁边。

女　孩：今天的照片洗不好了。

古　波：为什么？

女　孩：您给我们照相的时候没拿下镜头

盖儿。

生　词

1.	洗(照片)	(动)	xǐ(zhàopiàn)	entwickeln (Film)
2.	石(头)	(名)	shí(tou)	Stein
3.	狮子	(名)	shīzi	Löwe
4.	华表	(名)	huábiǎo	Marmorsäule (vor Palästen, Mausoleen etc.)
5.	爷爷	(名)	yéye	Großvater
6.	冰棍儿	(名)	bīnggùnr	Eis am Stil
7.	典型	(形、名)	diǎnxíng	typisch, Modell
8.	万	(数)	wàn	zehntausend
9.	中间	(名)	zhōngjiān	Mitte
10.	艺术	(名)	yìshù	Kunst
11.	修建	(动)	xiūjiàn	bauen
12.	礼堂	(名)	lǐtáng	Saal, Halle
13.	宽	(形)	kuān	breit
14.	千	(数)	qiān	tausend
15.	这么	(代)	zhème	so, solch
16.	完成	(动)	wánchéng	abschließen, fertigstellen

17. 岁数 (名) suìshu Alter
18. 干 (动) gàn machen, tun
19. 了 (动) liǎo können
20. 重 (形) zhòng schwer
21. 活儿 (名) huór Arbeit, Job
22. 动 (动) dòng bewegen
23. 工地 (名) gōngdì Baustelle
24. 顾问 (名) gùwèn Berater
25. 奖状 (名) jiǎngzhuàng schriftliche Auszeichnung
26. 镜头 (名) jìngtóu (Photo) Objektiv
27. 盖儿 (名) gàir (Kamera) Verschluß

专 名

1. 小红 Xiǎohóng *Name*
2. 小冬 Xiǎodōng *Name*
3. 人民英雄纪念碑 Rénmín Yīngxióng Jìniànbēi Denkmal der Volkshelden
4. 毛主席 Máo Zhǔxí Vorsitzender Mao
5. 人民大会堂 Rénmín Dàhuìtáng Große Halle des Volkes

8. 中国历史博物馆　　Zhōngguó Lìshǐ Bówùguǎn　　Museum der Chinesischen Geschichte

补充词

1. 搬	（动）	bān	umziehen, tragen
2. 尺	（量）	chǐ	*Längenmaß* (= 1/3 *Meter*)
3. 平方米	（量）	píngfāngmǐ	Quadratmeter
4. 公斤	（量）	gōngjīn	Kilogramm
5. 方便	（形、动）	fāngbiàn	bequem; leicht machen
6. 海	（名）	hǎi	Meer
7. 可笑	（形）	kěxiào	lächerlich

二、注　　释

1. “天安门照得上照不上？”

“Kann Tienanmen mit aufs Photo kommen?”

2. “啊，小朋友，谢谢你。”

“小朋友”是成年人对小孩的一种亲切的称呼。例如：“小朋友，去天安门怎么走？”

“小朋友” ist eine liebevolle Anrede Kindern gegenüber, z.B. “小朋友，去天安门怎么走？”

3. “我刚走开，就找不到你们了。”

动词“开”作结果补语，可以表示通过动作而离开某处，如“跑开”、“拿开椅子”；还可以表示使合拢、连接的东西分开，如

“开开门”、“打开书”。

Das Verb “开” kann als Resultativ-Ergänzung eine Bewegung weg von etwas anzeigen, wie in “跑开”, “拿开椅子”. Es kann auch die Trennung von ursprünglich verbundenen Teilen anzeigen, wie in “开开门”, “打开书”。

4. “这个广场站得下一百万人。”

一千以上的称数法：

Die Zahlwörter über tausend:

九百……………………九百九十九　一千

一千零一……一千零十九……一千一百

一千二百二十……一千八百零一…两千

三千六百四十四…九千八百九十…一万

一万零一……九万九千八百零三…十万

十万零一……八十二万五千一百七十九

…………………………………一百万

注意：1,000不能说“十百”，必须说“一千”；10,000不能说“十千”，必须说“一万”。数字达到“万”以上时，以万为单位：“十万、一百万、一千万”等。

Wichtig: 1 000 ist “一千” statt “十百” und 10 000 ist “一万” statt “十千”. Das Zeichen “万” dient als Nenneinheit in Zahlen über 10 000 wie in “十万，一百万，一千万” usw.

5. “您对建筑艺术很有研究啊！”

“对…很有研究”的意思是：对某方面的知识了解得很多，或具有某种专长。

"对…很有研究" bezeichnet einen Fachmann auf einem bestimmten Wissenschaftsgebiet.

6. "这么大的建筑，那时候只用了十个月就完成了。"

指示代词"这么"（口语中读作 zhème）常用来修饰动词或形容词，指示性质、状态、方式或程度。如："这个汉字应该这么写。""天气这么冷，我不想出去了。"

Das Demonstrativpronomen "这么"(in der Umgangssprache zhème gesprochen) modifiziert ein Verb oder Adjektiv und zeigt eine bestimmte Eigenschaft, Art und Weise, einen bestimmten Umstand oder Grad an, z.B. "这个汉字应该这么写。""天气这么冷，我不想出去了。"

三、替换与扩展

（一）

1. 纪念碑上的字你看得见吗？

我看得见。

公园门口的石狮子，	看，	清楚
山上的亭子，	看，	见
操场上的广播，	听，	见
英文小说，	看，	懂
我说的话，	听，	清楚
这个故事，	听，	懂

2. 那些照片你明天洗得好洗不好？

我想可以洗得好。

练习，	作，	完
生词，	记，	住
事儿，	办，	完
自行车，	修，	好
语法，	讲，	完
书，	带，	来

3. 他们找得到古波吗？

他们找不到。

买，	《李自成》
请，	顾问
听，	这种音乐
吃，	中国菜
看，	京剧

4. 这个礼堂坐得下多少人？

坐得下一万人。

公共汽车（辆），	坐，	人，	45
房间（个），	放，	桌子，	2

广场(个)，	停，车，	110
操场(个)，	站，人，	12,000
楼(个)，	住，家，	90

5. 这些活儿你一个人干得了吗？

我干不了。

衣服，	洗
工作，	完成
东西，	拿
图片，	带
冰棍儿，	吃
钱，	花

6. 行李这么大，你拿得动吗？

可以，我拿得动。

自行车，	旧，	骑
东西，	多，	拿
桌子，	重，	搬*

7. 人民大会堂有多高？

人民大会堂有四十六米高。

这张桌子，	长，	100公分
他哥哥，	高，	1米79
这种布，	宽，	2尺*
这间卧室，	大，	18平方米*
你的箱子，	重，	15公斤*

（二）

1. 打电话 Ein Telefongespräch

A：喂，是小张吗？我是小王。明天的球赛我参加不了了。

B：你说什么？请你说得慢点儿，我听不清楚。

A：我身体不太好，明天来不了。

B：是吗？太遗憾 (yíhàn Das tut mir leid.) 了。你要多休息。

A：谢谢你。对了，吃饭的时候你见得到

古波吗？

B：有什么事儿？

A：请你告诉他一下儿，他要的书现在买不到。

B：好，我一定告诉他。

2. 邀请　Einladung zum Ausflug

A：星期天我们几个人要骑车去景山公园。你想去吗？

B：我很想去，可是我怕去不了。

A：为什么？

B：星期天下午一点，有个朋友要来看我。十二点以前回得来吗？

A：我想回得来。这么好的天气，你还是跟我们一起去吧？

B：好吧。

3. 谈建筑　Beschreibung eines Gebäudes

A：人民大会堂的大礼堂坐得下多少人？

B：坐得下一万人。

A：有这么大吗？

B：大礼堂有七十多米宽，六十米长，三十三米高。大礼堂的主席台就坐得下五百人。

A：从电视里看，大礼堂有三层，是吗？

B：是啊！第一层坐得下三千六百多人，中间那层坐得下三千四百多人，最上边那层也能坐二千四百多人。这三层和主席台一共有一万多个座位，所以叫"万人大礼堂"。

A：这么大的礼堂，坐在后边听得清楚吗？

B：听得清楚。你有机会可以进去试一试。

四、阅读短文

愚公移山

古时候有位老人，名字叫愚公（Yúgōng der Alte Tor），快九十岁了。他家的门口有两座（zuò ZEW）大山，一家人出来进去很不方便*。

一天，愚公对家里人说："这两座山在咱们家的门口，太不方便*了。咱们移（yí versetzen, wegräumen）走这两座山，好不好？"

他的儿子（érzi Sohn）孙子（sūnzi Enkel）一听，都说："您说得对，咱们明天就开始干！"他妻子（qīzi Frau）觉得搬*山太难了，她说："你们知道这两座山有多高吗？这么大的山你们怎么搬*得动？哪儿放得下这么多石头呢？"

大家说："只要我们一起努力干，就一定搬*得了这两座山。山上的石头我们可以放到海*里去。”

第二天，愚公带着一家人开始搬*山了。邻居有个孩子，听说要搬*山，也高高兴兴地跟他们一起去了。他们不怕刮风，不怕下雨，夏天不怕热，冬天不怕冷，每天不停地干。

有个老人叫智叟(Zhìsǒu der weise Alte)，看见愚公一家人在搬*山，觉得很可笑*，就对愚公说：“你这么大岁数了，路也走不动了，能搬*得动山吗？”

愚公回答说：“你还没有小孩子聪明！我虽然快要死了，但是我还有儿子，儿子死了，还有孙子。山上的石头搬*走一点儿就少一点儿。我们每天不停地搬*，为什么搬*不走山呢？”

智叟听了，没有话说了。

五、语　法

1. 可能补语　Die Potential-Ergänzung

在动词和结果补语或趋向补语之间加上结构助词"得"，就构成表示可能的可能补语。"听得懂"、"作得完"、"回得来"的意思就是"能听懂"、"能作完"、"能回来"。可能补语的否定式是将中间的"得"用"不"来代替，如"听不懂"、"作不完"、"回不来"。例如：

Eine Potential-Ergänzung besteht aus der Strukturpartikel "得" zwischen einem Verb und einer Resultativ- (oder Richtungs-) Ergänzung. "听得懂","作得完" oder "回得来" bedeuten jeweils dasselbe wie "能听懂","能作完" oder "能回来". In der negativen Form der Potential-Ergänzung wird "得" durch "不" ersetzt, wie in "听不懂","作不完","回不来". Noch einige Beispiele:

今天的练习不多，晚上我作得完。

电话已经修好了，现在听得清楚了。

他刚进城，吃饭以前回不来。

动词带宾语时，宾语放在可能补语之后。如果宾语较长，较复杂，一般放在句首。例如：

Hat ein Verb ein Objekt, so steht dies nach der Potential-Ergänzung. Ist das Objekt lang und komplex, so steht es gewöhnlich am Satzanfang. Z.B.:

现在我还看不懂中文杂志。

寄到上海的航空信明天收得到吗？

带可能补语的句子，正反疑问式是并列可能补语的肯定形式和否定形式。例如：

Die Oder-Nicht-Form einer Frage mit Potential-Ergänzung entsteht durch Verbindung der affirmativen und der negativen Form der Potential-Ergänzung. Z.B.:

你看得见看不见山上的亭子？

长城最高的地方你上得去上不去？

注意：Wichtig:

（1）能愿动词"能"、"可以"等也表示可能，但在口语中更多地还是用可能补语表示可能（特别是当动词带有结果补语或趋向补语的时候）。

Die optativen Verben "能" und "可以" zeigen ebenfalls Möglichkeit an, aber im gesprochenen Chinesisch werden Potential-Ergänzungen bevorzugt, besonders in Sätzen mit Resultativ- oder Richtungs-Ergänzung.

有时候，可能补语跟能愿动词并用，以示强调。例如：

Zur Emphase kann ein Potential-Ergänzung manchmal zusammen mit einem optativen Verb auftreten. Z.B:

这辆自行车你自己能修得好吗？

星期三以前我可以看得完这本小说。

但是在请求对方允许时，只能用能愿动词，不能用可能补语。只能说："我可以进来吗？"不能说："我进得来吗？"

Bei Fragen um Erlaubnis muß man allerdings optative Verben statt Potential-Ergänzungen verwenden. Die korrekte Form von "Darf ich eintreten?" ist "我可以进来吗？", nicht aber “我进得来吗？”

（2）可能补语跟程度补语的肯定形式是一样的，都是在动词和补语之间用“得”，除了根据语言环境加以分辨外，还可以根据下面两点来区分：

Das Schema der Potential-Ergänzung gleicht der affirmativen Form einer Gradergänzung—bei beiden steht ein “得” zwischen Verb und Ergänzung. Sie können außer nach dem Kontext auch nach folgenden zwei Kriterien unterschieden werden:

① 可能补语的前边不能带状语，程度补语的前边常常带状语。

Anders als bei einer Potential-Ergänzung steht vor einer Gradergänzung oft eine Adverbialbestimmung.

② 可能补语后边可以带宾语，程度补语后边不能带宾语。

Anders als bei einer Gradergänzung folgt einer Potential-Ergänzung oft ein Objekt.

2. “下”、“了”、“动”作可能补语 “下”，“了” und “动” als Potential-Ergänzung

动词“下”作可能补语，常表示有足够的空间来容纳。例如：

Als Potential-Ergänzung zeigt “下” gewöhnlich an, daß für einen bestimmten Zweck ausreichend Raum vorhanden ist. Z.B.:

这个柜台很大，放得下这么多东西。

汽车里挤不下八个人。

动词“了（liǎo）”很少作结果补语或单独作谓语，但常用作可能补语，表示有可能进行某种动作。例如：

Das Verb “了(liǎo)” dient allein nur selten als Resultativ-Ergänzung oder Prädikat. Aber es dient oft als Potential-Engänzung und zeigt dann die Möglichkeit einer Aktion an. Z.B.:

我看明天要下雨，颐和园还去得了吗？

老师病了，明天上不了课。

有时还表示“完”的意思。例如：

“了” hat manchmal dieselbe Bedeutung wie “完”. Z.B.:

你喝得了这么多茅台酒吗？

我作这些练习用不了两个小时。

动词“动”作可能补语，可以表示有力量进行某一动作——这些动作常常是可以使人或物体移动位置的。例如：

Das Verb “动” verweist als Potential-Ergänzung auf die Fähigkeit, etwas zu tun. Das vorangehende Verb bezeichnet gewöhnlich eine Aktion, die Ortsveränderung einer Person oder Sache bewirkt. Z.B.:

快到终点的时候，他已经跑不动了。

你不用帮我了，我自己拿得动这些东西。

练　习

1. 读下列词组：Lesen Sie laut:

作得完　看得见　听得懂　找不到

回不来　出不去　记得住　买得到

见得到　听不清楚　进不来　上不去

干得了　拿得了　走得了　去得了

实现得了　完成得了　用不了　吃不了

修不了　回答不了　参加不了　修建不了

站得下　坐得下　放得下　挂不下

住不下　写不下　拿得动　走得动

跑得动　骑不动　游不动　跳不动

2. 在下列句子中填上适当的可能补语： Setzen Sie geeignete Potential-Ergänzungen ein:

(1) 图片上的字，你看________吗？

字太小，我看________。

(2) 这么大的行李你一个人拿______吗？

这件行李虽然大，但是不太重，我一个人拿________。

(3) 这间房子住________四个人吗？

这间房子很大，住________四个人。

(4) 我们明天去访问一位退休老工人，你去________吗？

明天我没空儿，去________。

(5) 这本小说你买________吗？

这本小说书店里没有，现在买______。

(6) 他住的地方你找________吗？

我有他的地址，一定找________。

(7) 这个活儿很重，你们几个人干____吗？

你放心，我们干________。

(8) 外边还在下雨，你们出________吗？

雨太大，我们出________了。

3. 把下列问句改成带可能补语的正反问句，并回答：Formen Sie in Oder-Nicht-Fragen mit Potential-Ergänzung um und antworten Sie:

例：今天的练习你能作完吗？

(这些练习不太难)

→今天的练习你作得完作不完？

这些练习不太难，我作得完。

(1) 老师用中文讲语法，你能听懂吗？

（他讲得很慢，也很清楚）

(2) 学校的礼堂能坐下两千人吗？

（这个礼堂很大）

(3) 今天上午能见到那位顾问吗？

（上午他去检查工作了）

(4) 你们学院修建的新楼今年能完成吗？

（工人们都在努力干）

(5) 我们不坐车了，你能走去吗？

（路不太远）

(6) 这个照相机的镜头能修好吗？

（没问题）

(7) 这首古诗的意思你能看懂吗？

（这首古诗生词很多）

(8) 他们的问题你现在能回答吗？

（我要想一想）

4. 先看图说话（注意用可能补语），然后阅读短文：Beschreiben Sie das Bild. Verwenden Sie, wo nötig, eine Potential-Ergänzung. Lesen Sie dann den Text:

有一位老大娘正在公共汽车站等车。老大娘眼睛不太好，看不见字儿，她问我："同志，这车到火车站吗？"

"到得了！"我说。

"这么多人等车，这辆车坐得下吗？"

"这辆车很大，坐得下这些人。"我问她："大娘，您去哪儿？带着这么多东西，拿得了吗？"

她说："这些东西不重，我拿得了。我现在身体还好，还走得动，就想到孩子那儿去看看。"

"您这样上不去车，我帮您拿点儿吧！"

"谢谢！"

5. 先念这段对话。再把对话中的数字写成汉字：Lesen Sie den

Dialog. Schreiben Sie dann die Zahlen in Schriftzeichen:

A：这个大学有多少学生？

B：去年有 7,562 个学生，今年有 8,050 个学生。

A：解放以前这儿有几千个学生？

B：没有几千，只有 1,100 个学生。

A：以后这个学校还要发展吧？

B：是啊！明年要有 10,000 个学生。

7,562 ______________ 个学生

8,050 ______________ 个学生

1,100 ______________ 个学生

10,000 ______________ 个学生

6. 将下列句子翻译成汉语：Übersetzen Sie:

(1) Diese Stadt hat eine Geschichte von über dreitausend Jahren. (千)

(2) Wie breit ist die Straße? Man sagt, sie ist höchstens 100 Meter breit. (宽)

(3) Da die Tür nicht geöffnet werden kann, warten wir alle draußen vor dem Hörsaal. (…开)

(4) Dies ist typische klassische chinesische Musik. (典型)

(5) Warum spezialisierst du dich auf Linguistik, wo du doch die Kunst so liebst?（这么）

(6) Ich werde ihn zu einer anderen Zeit besuchen, da er heute so beschäftigt ist.（这么）

7. 看图写话：Verfassen Sie eine Beschreibung dieser Bilder:

妈妈：看不见了！
小孩：看得见。

大夫：看得见吗？
小孩：看不见了！

汉字笔顺表

1	石			
2	狮	犭（丿 犭 犭）		獅
		师		
3	棍	木		
		昆	曰	
			比	
4	型	刑	开	
			刂	

		土	
5	万	一 丆 万	萬
6	艺	艹	藝
		乙	
7	术	木 术	術
8	礼	礻	禮
		乚	
9	宽	宀	寬
		艹	
		见	
10	数	娄	數
		攵	
11	干	一 二 干	幹
12	重	ノ 𠂉 亍 亩 亩 亩 重 重 重	
13	活	氵	
		舌	
14	顾	厄 厂	顧
		卩 （ㄱ 卩）	
		页	

15	奖	丬	丬	奬
			夕	
		大		
16	状	丬		狀
		犬		
17	镜	钅		鏡
		竟		
18	盖	𦍌		蓋
		皿（丨 冂 冋 罒 皿）		

INFO

Tien An Men

Das Tienanmen-Tor (Tor des Himmlischen Friedens), das Fronttor des Kaiserpalastes, wurde 1417 unter der Ming-Dynastie erbaut und 1651 unter der Qing-Dynastie neu errichtet.

Der rote Torbau hat fünf Pforten und ist 33,7 Meter hoch. Vor dem Tor stehen zwei Marmorsäulen, “Wolken-Pfeiler” genannt, und zwei große steinere Löwen flankieren den Haupteingang. Vor dem Tor ist ein Graben, genannnt Jinshuihe (Fluß der goldenen Wasser). Über ihn fünf Marmorbrücken.

Unter der Ming- und Qing-Dynastie waren Haupttor und

Hauptbrücke dem Kaiser vorbehalten, und den Beamten waren je nach Rang die Tore und Brücken zu beiden Seiten zugewiesen.

Hier proklamierte der Vorsitzende Mao Zedong am 1. Oktober 1949 die Gründung der Volksrepublik China und hisste die fünfsternige Flagge. Seitdem wird Tienanmen als Symbol des neuen China betrachtet. Viele wichtige Staatszeremonien und Massendemonstrationen finden auf dem Tienanmen-Platz statt.

第四十三课

一、课文

快坐下来吧

帕兰卡：古波，咱们从天安门走到这儿，我又累又饿，真走不动了。

古　波：是啊，咱们还没有吃饭呢，我也有点儿饿了。咱们找个饭馆吧，你看，那个女同志走过来了，我去问问。（问女同志）同志，请问这儿有饭馆吗？

女同志：有好几家，可是吃饭的时间已经过了。你们往前走，看见大马路，穿过去，那儿有一家北京风味的小吃店。

古　波：谢谢您。（对帕兰卡）我早就听说过北京的小吃不错，咱们去吧。

*　　*　　*

（在小吃店）

古　波：你不是累了吗？别站着了，快坐下来吧。

帕兰卡：我看墙上的画儿呢。那儿写着“顾客之家”，是什么意思？

古　波：顾客走进店里来，就象走进自己的家一样。是不是这个意思？

帕兰卡：对。写得真亲切！

服务员：二位吃点儿什么？那个牌子上写着各种小吃，请先看看，我一会儿就来。

古　波：这么多种，咱们吃什么呢？

帕兰卡：我饿了，多买点儿吧？

服务员：二位看好了吗？

古　波：要两碗元宵，两碗豌豆粥，四个炸糕，四个油饼。

服务员：您要带回去吗？

古　波：不带回去，就在这儿吃。我们没有来过小吃店，请给我们介绍介绍。

服务员：您要得太多了，两个人吃不了。我看这样吧，先尝尝豌豆粥。北京人都知道“豌豆赵”——赵师傅作的豌豆粥最有名，他以前就在我们店里。这儿的油饼也比较好，来四个油饼、两个炸糕。要是不够，再喝一碗杏仁豆腐，怎么样？

帕兰卡：杏仁豆腐是什么？

服务员：杏仁豆腐是用杏仁、牛奶、糖和别的东西作的，象豆腐一样，非常好吃。

古　波：好，就要这些。

服务员：一会儿给您送过来。

帕兰卡：谢谢您的介绍，你们服务得真周到。

服务员：这是应该的。顾客走进来都希望吃得又好、花钱又少。我们作得还不够，请您多提意见。

生　词

1. 累 （动） lèi müde (sein); ermüden
2. 饿 （动、形） è hungrig (sein); Hunger haben
3. 有（一）点儿
   yǒu (yì)diǎnr ein bißchen
4. 饭馆 （名） fànguǎn Restaurant
5. 穿（马路）
   （动） chuān(mǎlù) (eine Straße) überqueren
6. 风味 （名） fēngwèi lokale Art, Spezialität
7. 小吃店 （名） xiǎochīdiàn Imbißstube
   小吃 （名） xiǎochī Imbiß
   店 （名） diàn Geschäft; Laden
8. 顾客 （名） gùkè Kunde
9. 之 （助、代） zhī *Modalpartikel*; *Pronomen*
10. 亲切 （形） qīnqiè herzlich
11. 各 （代、副） gè alle Arten; jeder; jeweils
12. 元宵 （名） yuánxiāo Reismehlklöße
13. 豌豆粥 （名） wāndòuzhōu Erbsenbrei
    粥 （名） zhōu Brei
14. 师傅 （名） shīfu Meister

15. 炸糕 （名） zhágāo Krapfen

16. 油饼 （名） yóubǐng Fettgebäck

17. 比较 （副、动） bǐjiào relativ; vergleichen

18. 够 （形） gòu genug; ausreichend

19. 杏仁豆腐 （名） xìngréndòufu Mandelquark

杏仁 （名） xìngrén Mandel

豆腐 （名） dòufu Bohnenquark

22. 牛奶 （名） niúnǎi Milch

21. 糖 （名） táng Zucker

22. 别的 （代） biéde andere(r)

23. 好吃 （形） hǎochī köstlich, schmackhaft

24. 服务 （动） fúwù bedienen

25. 提 （动） tí vorbringen, vorschlagen

26. 意见 （名） yìjiàn Kritik, Meinung, Vorschlag

专 名

豌豆赵 Wāndòu Zhào *Personenname*

补 充 词

1. 渴 （形） kě durstig

2. 菜单	（名）	càidān	Speisekarte
3. 绿灯	（名）	lǜdēng	Grün (Ampel)
4. 亮	（形）	liàng	hell
5. 当心	（动）	dāngxīn	aufpassen
6. 存车处	（名）	cúnchēchù	Parkplatz
7. 推	（动）	tuī	schieben

二、注　释

1. “我也有点儿饿了。”

“有(一)点儿”，常用在某些形容词或动词前作状语，表示轻微的程度(用在形容词前常有不如意的意思)，如“有点儿累”、“有点儿不高兴”、“有点儿象”。

“有(一)点儿”, bedeutet “ein bißchen”,zeigt oft in adverbialer Funktion vor bestimmten Adjektiven und Verben einen geringen Grad von etwas an. Vor Adjektiven deutet es oft eine leichte Unzufriedenheit an, z.B. “有点儿累”，“有点儿不高兴”，“有点儿象”。

2. “有好儿家，可是吃饭的时间已经过了。”

“Es gibt hier mehrere Restaurants, aber die Essenszeit ist schon vorbei.”

“好儿”用在量词或名词前边，表示数量多，如“好儿个”、“好儿天”。

Vor einem ZEW oder einem Nomen bedeutet “好儿” “einige”, wie in “好儿个” und “好儿天”

3. “那儿有一家北京风味的小吃店。”

“Da ist eine Imbißstube mit Beijinger Gerichten.”

“小吃店”是出售年糕、火烧、油条、馄饨之类食品的饮食店。这类食品也称为“小吃”。

“小吃店”, eine Imbißstube bietet Reismehlkuchen, Gebäck, Fettgebäck, Ravioli usw. an. Essen dieser Art heißt “小吃”.

4. “二位吃点儿什么?”

“Was möchten Sie essen?”

5. “我看这样吧，先尝尝豌豆粥。”

“Ich würde vorschlagen, erstmal den Erbsenbrei zu versuchen.”

6. “来四个油饼、两个炸糕。”

在商店特别是饭馆里，常用“来”代替“买”或“要”。这样更符合口语的习惯。如:“来一瓶葡萄酒”、“来一件衬衫吧”。

“来” wird umgangssprachlich oft von Kunden, Verkäufern und Kellnern gebraucht und bedeutet “kaufen” oder “wollen”, wie in “来一瓶葡萄酒”,“来一件衬衫吧”.

7. “要是不够，再喝一碗杏仁豆腐，怎么样”?

这里的“怎么样”就是“好吗”的意思，也用来提出建议或征询对方的意见。

“怎么样” bedeutet hier dasselbe wie “好吗”, man macht Vorschläge oder konsultiert andere.

8. “杏仁豆腐是用杏仁、牛奶、糖和别的东西作的。”

“Mandelquark wird aus Mandeln, Quark, Zucker und anderen Zutaten gemacht.”

三、替换与扩展

(一)

1. 谁从前边走过来了?

他师傅从前边走过来了。

里边，	出来
楼上，	下来
楼下，	上来
外边，	进来

2. 那个顾客在哪儿呢？

他走进饭馆去了。

服务员，	走出，	小吃店
观众，	跑下，	楼
作家，	走上，	主席台
司机，	走回，	家
运动员，	游过，	河

3. 你从邮局拿回那封信来了吗？

我没有从邮局拿回那封信来。

墙上，	拿下，	那张画
香山，	带回，	红叶
楼下，	拿上，	两瓶牛奶

外边，	买回，	糖
老师那儿，	拿回，	本子

4. 他从小吃店买回来什么了？

他从小吃店买回来四个油饼。

柜台里，	拿出来，	两碗杏仁豆腐
家里，	带出来，	一个照相机
那儿，	送过来，	两个炸糕
楼上，	拿下来，	四个碗
箱子里，	找出来，	两件衬衫
学校里，	带回去，	一张奖状

5. 你不是累了吗？

怎么不坐下来呢？

病，	休息休息
饿，	多吃一点儿
看完那本书，	还回去
写好信，	寄出去
有意见，	给他们提

6. 他又累又饿。

高，	大
热，	渴*
着急，	难过
亲切，	周到
喜欢音乐，	喜欢文学
学语言，	学历史

（二）

1. 在饭馆 Essen im Restaurant

服务员：二位请到楼上去，那儿有两个座儿。

顾客A：快坐下来吧，你今天累了。师傅，有菜单*吗？

服务员：有，我给您拿过来。

顾客A：你想吃什么？

顾客B：先来两瓶桔子水吧，我渴*极了。

顾客A：好。咱们要一个香酥鸡(xiāngsūjī knuspriges Huhn)，一个糖醋鱼(tángcùyú süßsaurer Fisch))，一个炒油菜(chǎoyóucài gebratenes Rapsgemüse)，怎么样？

服务员：还要别的吗？

顾客B：你爱吃豆腐，再来一个砂锅豆腐(shāguōdòufu Bohnenquark-Suppe im Steintopf)吧。师傅，要等多长时间？能不能快点儿？

服务员：要不了很长时间，一会儿就给您送上来。

2. 骑自行车 Mit dem Fahrrad unterwegs

A：今天是星期六，马路上车又多、人又挤，咱们从小路骑过去吧。

B：好。前边是路口(lùkǒu Gabelung)，骑慢一点儿。

A：绿灯*亮*了，快穿过去。

B：当心(dāngxīn aufpassen)！左边汽车开过来了。

* * *

A：同志，请下车。自行车不能骑进来。

B：对不起。我进去找一个人，车放在这儿，可以吗？

A：存车处*在那边，请您推*过去吧。

* * *

四、阅读短文

请　客

说话也是一种艺术。有的人说出话来让人高兴，有的人说出话来真气人。我有一个朋友，他就不会说话。他一说话，听的人就很不愉快。

有一次，他在饭馆里请客(qǐng kè zum Essen einladen)。那天他一共请了四位客人，来了三位，有一位还没有来。他等得有点着急了，就说："你看，该来的没来！"坐在他旁边的一位客人听了以后，就觉得不高兴。他想："该来的没来——我是不该来的了？"这位客人站起来说："对不起，我出去有点事儿。"他走出餐厅去，对门口的服务员说："你告诉他们，不要等我了。"

过了一会儿，服务员走进来问："先生，您要的菜都准备好了，现在拿上来吗？"

"别忙，我们在等人呢。"我朋友一看，少了一位客人，就问："那位去哪儿了？"服务员说："那位先生已经走了。"我朋友一听，更着急了，就说："不该走的走了！"

这时候还有两位客人坐在那儿等着。有一位听了我朋友的话，心里很不高兴，他想："不该走的走了，意思是该走的还没有走，好，我是该走的，我现在就走！"他站起来，没有说一句话就离开了饭馆。

只有一位客人坐在那儿了。我朋友还在问自己："他们怎么都走了？"这位客人说："您不是说该来的没来，不该走的走了吗？他两位觉得自己是不该在这儿的了，所以他们都走了。以后您说话要注意点儿。"

"是啊，以后我一定要注意。"我朋友说，"可是，我说的不是他们啊！""什么？"客人大声地问："你说的是我啊？"这位客人也走了。

五、语 法

1. 复合趋向补语　Die komplexe Richtungs-Ergänzung

动词"上、下、进、出、回、过、起"等后边加上简单趋向补语"来"、"去"以后，可以作别的动词的补语，表示动作的方向，这叫复合趋向补语。例如：

Nach der einfachen Richtungs-Ergänzung “来” oder “去” können die Verben “上”，“下”，“进”，“出”，“回”，“过” oder “起” als Richtungs-Ergänzung zu anderen Verben dienen. Ergänzungen dieser Art heiβen “Komplexe Richtungs-Ergänzung”. Z.B.:

他从外边走进来了。

他从屋里走出去了。

常用的复合趋向补语有：

Hier sind einige gängige komplexe Richtungs-Ergänzungen.

	上	下	进	出	回	过	起
来	上来	下来	进来	出来	回来	过来	起来
去	上去	下去	进去	出去	回去	过去	

这些复合趋向补语的基本用法是：“上来、上去”常表示动作由低处移向高处，“下来、下去”则表示由高处移向低处；“进来、进去、出来、出去”表示动作出入某一地点，“过来、过去”表示动作在某一地点和说话人（或所谈论的事物）所在地点之间的移动。在上述补语中，“来、去”所表示的动作的方向与说话人（或所谈论的事物）之间的关系，和简单趋向补语是相同的。

Bedeutungen:

上来 — heraufkommen　　上去 — hinaufgehen

下来 — herunterkommen　　下去 — hinuntergehen

进来 — hereinkommen　　进去 — hingehen

出来 — herauskommen　　出去 — hinausgehen

过来 — herüberkommen　　过去 — hinübergehen

Wie in einfachen Richtungs-Ergünzungen bezeichnet "来" eine Bewegung zum Sprecher oder angesprochenen Objekt hin, und "去" bezeichnet eine Bewegung vom Sprecher oder angesprochenen Objekt weg.

带复合趋向补语的动词之后，如果有表示处所的宾语，宾语一定要放在"来"、"去"之前。例如：

Enthält ein Satz mit komplexer Richtungs-Ergänzung ein Nomen der Ortsangabe als Objekt, dann steht dies Objekt vor "来" oder "去". Z.B:

他跑上楼去了。

汽车不能开进公园里来。

如果宾语是一般事物，则可以放在"来、去"之前，也可以在"来"、去"之后。例如：

Ist das Objekt kein Nomen der Ortsangabe, dann kann es vor oder hinter "来" oder "去" stehen. Z.B:

帕兰卡每星期寄回一封信去。

帕兰卡每星期寄回去一封信。

"了"一般放在句尾。如果动词不带宾语，也可以放在动词之后。例如：

Gewöhnlich erscheint "了" am Ende von Sätzen dieses Typs, aber es kann auch hinter dem Verb stehen, wenn dem Verb kein

Objekt folgt. Z.B.:

他给你带回来那本小说了。

电车已经穿过广场去了。

那个牌子已经拿下来了。

到了那个公园，向导先走了进去。

2. “不是…吗” Die Konstruktion “不是…吗”

“不是…吗”常表示反问，用来肯定“不是”后面的成分，有强调的意思。例如：

Mit “不是…吗” bildet man oft rhetorische Fragen und verweist so auf die Wahrheit des Gesagten. Eine Aussage wird damit unterstrichen. Z.B.:

他不是很努力吗？为什么学得没有别的同学好呢？（他很努力）

你不是很想看这个电影吗？为什么不去呢？（你很想看这个电影）

在“是”字句中，则用“不…吗”。如：

“不…吗” wird in “是” -Sätzen verwandt. Z.B.:

这不是你的表吗？（这是你的表）

3. “又…又…” Die Konstruktion “又…又…”

副词“又”可表示几种情况或性质同时存在。

Das Adverb “又” kann die gleichzeitige Existenz von verschiedenen Umständen oder Eigenschaften anzeigen.

“又…又…”用来联系并列的动词、形容词、动词结构或形容词结构，强调两种情况或特性同时存在。例如：

“又…又…” verbindet zwei gleichgeordnete Verben, Adjektive, Verbalstrukturen oder Adjektivstrukturen und zeigt die gleichzeitige Existenz zweier Umstände oder Eigenschaften an. Z.B.:

女儿要走了，她心里又高兴，又难过。

今天又刮风，又下雨。

他洗照片洗得又快又好。

练习

1. 读下列词组： Lesen Sie laut:

走上来 走下去 跑过来 跑过去

带进来 带进去 拿出来 拿出去

寄回来 寄回去 坐下来 坐下去

开过来 开过去 跑出来 跑出去

送回来 送回去 站起来 跳下去

有点儿难 有点儿紧 有点儿奇怪

有点儿着急 有点儿肥 有点儿挤

有点儿激动　有点儿不好意思

比较忙　比较辛苦　比较宽　比较重

比较清楚　比较典型　比较热烈　比较容易

别的同学　别的时间　别的地方　别的东西

别的知识　别的意见　别的语言　别的专业

别的意思　别的手续　别的机会　别的情况

又冷又饿　又多又好　又长又瘦　又说又笑

又高兴又难过　又聪明又漂亮

又唱歌又跳舞　又画画儿又写字

2. 在下列句子中填入适当的复合趋向补语：Setzen Sie geeignete komplexe Richtungs-Ergänzungen ein:

(1) 前边的那位老大爷走______了，我跑______问他："请问哪儿有饭馆？"

(2) 我们走______一看，小吃店里的顾客真不少。

(3) 我们坐______以后，一个年轻的服务员走______问我们："二位，想吃点儿什么?”

(4) 我朋友站______看墙上的画儿。

(5) 我们看见几个人从楼上走______，就问服务员:“同志，楼上也有小吃吗?”

(6) 一会儿一个老师傅给我们送______两个炸糕和两碗豌豆粥。

(7) 这个小吃店的炸糕作得比较好，我想买一点儿带______，让他们也尝尝。

(8) 我们从饭馆里走______的时候，已经是晚上七点了。

(9) 我们慢慢儿地走______学校______吧!

3. 根据说话人的位置，用复合趋向补语完成下列句子: Vervollständigen Sie die Sätze mit komplexen Richtungs-Ergänzungen je nach Standort des Sprechers:

(1) 她站在楼上对我们说:“那是我的行李;请你们帮我拿______吧!”

(2) 小张在宿舍里告诉我们:“刚才我看见古波从这儿走______了。”

(3) 我朋友在宿舍里对我说，他昨天从城里买______两本好书。

(4) 我站在景山下边看见古波从山上走______了。

(5) 他在礼堂前边看见小张走______礼堂______了。

(6) 你的照相机在我这儿，请你在楼下等一等，我跑______楼______给你拿______。

(7) 售货员从柜台里拿______一件蓝中山装______给我试一试。

(8) 他们在北京买了一点儿瓷器，暑假带______国______。

4. 用下列词组造句，并指出说话人所在的位置：Bilden Sie Sätze mit den gegebenen Ausdrücken und zeigen Sie jeweils den Standort des Sprechers auf:

例：跑上来

→古波从楼下跑上来告诉我们："今天下

午有足球比赛。”（说话人在楼上）

(1) 走进去　(2) 跑出去　(3) 寄回去

(4) 开过来　(5) 穿过去　(6) 拿下来

5. 将下列句子翻译成汉语：Übersetzen Sie:

(1) Nachdem er den ganzen Tag gearbeitet hat, ist er jetzt etwas hungrig.（有点儿）

(2) Es ist ziemlich kalt heute. Hast du genug an?（比较，够）

(3) Gibt es hier noch andere Restaurants?（别的）

(4) Fotos aufnehmen und Abzüge davon machen kann er gleichermaßen gut.（又…又…）

(5) In unserer Stadt sind dieses Jahr mehrere neue Straßen gebaut worden.（好儿）

(6) Sind Gerichte nach Shanghaier Art nicht köstlich?（不是…吗）

(7) Er bedient Kunden aller Art gleichermaßen gut.（各种）

6. 根据下图写一篇短文，尽量用复合趋向补语的句子：Schreiben Sie einen kurzen Aufsatz anhand der Bilder. Verwenden Sie, wo möglich, komplexe Richtungs-Ergänzungen:

汉字笔顺表

1	饿	饣		餓
		我		
2	累	田		
		糸		
3	傅	亻		
		尃	甫	
			寸	
4	味	口		
		未	(一 未)	
5	之	丶	㇇ 之	
6	亲			親
7	各	夂		
		口		

8	宵	宀		
		肖	⺌	
			月	
9	豌	豆		
		宛		
10	豆			
11	粥	弓		
		米		
		弓		
12	炸	火		
		乍		
13	糕	米		
		羔	⺶	
			灬	
14	油	氵		
		由		
15	饼	饣		餅
		并		
16	较	车		較

		交	
17	够	句	
		多	
18	杏	木	
		口	
19	仁	亻	
		二	
20	腐	广	
		付	
		肉(丨 冂 内 内 肉 肉)	
21	牛	′ ⺈ ⺧ 牛	
22	糖	米	
		唐	广
			肀(ㄱ 彐 彐 肀)
			口

INFO

Beijing-Ente

Das Quanjude-Restaurant ist in China wie im Ausland

berühmt wegen seiner gerösteten Ente. Das Quanjude, wörtliche Bedeutung: Familie der moralischen Vortrefflichkeit, wurde 1866 eröffnet.

Beijing-Ente, schon vor über 300 Jahren ein Begriff, gehört inzwischen zu den traditonellen Chinesischen Gerichten von einzigartigem Geschmack. Nur speziell gezüchtete Mastenten werden verwendet und in einem besonderen und exklusiven Röstprozeß zubereitet. Die Spezialität des Quanjude-Restaurants ist das "Alles-Ente-Menü", das heißt, daß alle Gänge, ob warm oder kalt, aus den verschiedenen Teilen der Ente zubereitet werden. Das Restaurant bietet 30 kalte und 50 warme köstliche Gerichte.

Vor einiger Zeit hat das Quanjude außerhalb des Hepingmen (Tor des Friedens) ein neues Gebäude bezogen, um die Gäste von hier und aus aller Welt besser zufriedenstellen zu können. Auf 15 000 Quadratmetern Fläche verteilen sich 14 Speisesäle, in denen 2 500 Gäste gleichzeitig bedient werden können. Der Enkel von Yang Quanren, dem Gründer des Quanjude, ist heute Mitglied der Direktion.

第四十四课

一、课　文

她是跟贸易代表团来的

北京的十一月，天气一天比一天冷了。古波和帕兰卡决定星期天再到颐和园去一次。

他们走到颐和园门口的时候，后边开过来一辆汽车。一个姑娘对着他们喊："帕兰卡！古波！"帕兰卡往车上一看，高兴得跳起来："达尼亚，你是什么时候到中国来的？"达尼亚从车上走下来说："我是十二号到的广州，昨天刚从上海坐飞机到北京的。"

"你是来旅行的吗？"

"不，我是跟贸易代表团来的。我们非常忙，只有星期天才有空儿。没想到在这儿看见你们了，真是太好了。"

"你第一次到这儿吧？我们给你当向导，怎么样？"

他们一起走了进去。帕兰卡先给这位老同学介绍了一下儿颐和园，她说："颐和园是中国有名的古典园林，它是一七五〇年开始修建的。第二年是皇帝母亲的生日，所以这座山叫万寿山。前边的湖就是昆明湖。”

他们来到昆明湖边。达尼亚激动地说：“这儿又是水，又是山；湖上有桥，有小船；山上有古典建筑，风景多么美啊！”

帕兰卡跟达尼亚到了长廊，她又介绍说：“这就是有名的长廊。从东边到西边有七百二十八米，上边画了一万四千多幅画儿，有山水花草，也有人物故事。你看，那是古典小说《三国演义》里的一个故事。”她们正在看画儿，古波走过来说：“上山去吧，那儿的画儿更好看。”大家爬到山上一看，下边的昆明湖象镜子一样。近的地方可以看到湖边的亭子、绿树；远的地方可以看到蓝天下的青山、白塔。这真是一幅又大又美的画儿啊！

太阳下山了，他们才离开颐和园。

生 词

1.	贸易	（名）	màoyì	Handel
2.	决定	（动、名）	juédìng	sich entschließen, beschließen; Entschluß
3.	喊	（动）	hǎn	rufen
4.	跳	（动）	tiào	springen
5.	旅行	（动）	lǚxíng	reisen
6.	只有	（连）	zhǐyǒu	nur
7.	园林	（名）	yuánlín	Park, Garten
8.	它	（代）	tā	es
9.	母亲	（名）	mǔqin	Mutter
10.	座	（量）	zuò	ZEW
11.	湖	（名）	hú	(der) See
12.	边	（名）	biān	Seite, Rand
13.	桥	（名）	qiáo	Brücke
14.	船	（名）	chuán	Boot
15.	风景	（名）	fēngjǐng	Landschaft
16.	多么	（副）	duōme	wie
17.	幅	（量）	fú	ZEW
18.	草	（名）	cǎo	Gras

19. 人物　（名）rénwù　Figur, Person

20. 爬　（动）pá　klettern

21. 镜子　（名）jìngzi　Spiegel

22. 近　（形）jìn　nah

23. 天　（名）tiān　Himmel

24. 青　（形）qīng　blau

25. 塔　（名）tǎ　Pagode

26. 太阳　（名）tàiyang　Sonne

专　名

1. 达尼亚　Dáníyà　Personenname
2. 广州　Guǎngzhōu　(Canton)
3. 万寿山　Wànshòu Shān　Hügel des langen Lebens
4. 昆明湖　Kūnmíng Hú　Kunming-See
5. 长廊　Chǎng Láng　der Lange Wandelgang (im Sommerpalast)
6. 《三国演义》《Sānguóyǎnyì》 "Geschichte der drei Reiche"

补充词

1. 度假　dù jià　Ferien verbringen
2. 毕业　（动）bìyè　Examen machen
3. 探亲　tàn qīn　Familie besuchen

4. 出差　　chū chāi　　Dienstreise machen

5. 生　　（动）shēng　　geboren werden

6. 对象　　（名）duìxiàng　　Freund (Freundin)

7. 生活　　（动、名）shēnghuó　　leben; Leben

二、注　释

1. “北京的十一月，天气一天比一天冷了。”

“Es ist November, und es wird immer kälter in Beijing.”

“一天比一天”作状语，表示随着时间的推移，事物变化程度的递增或递减。也可以说“一年比一年”，如：“他们的生活水平一年比一年高。”

Als Adverbialbestimmung zeigt “一天比一天” an, daß Veränderungen mit der Zeit fortlaufend zu- oder abnehmen. Ein ähnlicher Ausdruck ist “一年比一年” wie in” “他们的生活水平一年比一年高”.

2. “帕兰卡往车上一看，高兴得跳起来。”

这里的“跳起来”是用来说明“高兴”的程度。除了形容词以外，动词结构也可以作程度补语。又如：“她累得走不动了。”

Hier “跳起来” zeigt den Grad von Palankas Freude an. Außer Adjektiven können auch Verbstrukturen als Gradergänzung dienen, z.B. “她累得走不动了。”

3. “它是1750年开始修建的。”

公元1750年清朝皇帝开始修建“清漪园”，1860年被英、法联军放火烧毁。1888年慈禧挪用海军经费重建，改名“颐和园”。

“清漪园” (Garten der Kristallwellen), angelegt 1750, wurde 1860 von den alliierten englischen und französischen Truppen niedergebrannt. Die Kaiserinwitwe Cixi ließ ihn 1888 mit Marinegeldern wiedererbauen und benannte ihn in “颐和园”(Sommerpalast) um.

4.“那是古典小说《三国演义》里的一个故事。”

《三国演义》是中国十四世纪作家罗贯中根据历史和传说材料创作的著名长篇小说，它描写了公元184年到280年之间中国封建统治阶级内部的矛盾和斗争。

Die “Geschichte der drei Reiche” ist ein bekannte Roman von Luo Guan zhong, einem Romancier des 14. Jahrhunderts. Der Roman basiert auf historischen Fakten und Legenden. Er beschreibt die Widersprüche und Kämpfe innerhalb der herrschenden Feudalklasse Chinas zwischen 184 und 280 n. Chr.

三、替换与扩展

(一)

1. 你母亲到广州去了没有？

她到广州去了。

她是什么时候去的广州？

她是上星期去的广州。

天安门广场，	星期天上午
百货大楼，	下午三点半
学校，	上午九点多
你弟弟那儿，	昨天晚上

2. 他是从哪儿来的？

他是从上海来的。

他是跟谁一起来的？

他是跟代表团一起来的。

城里，他母亲
工地，他师傅
饭馆，他朋友
操场，教练
农村，他叔叔

3. 暑假你们去广州了吗？

我们去了。

你们是怎么去的？

我们是坐飞机去的。

故宫，	走着
香山，	坐公共汽车
上海，	坐船
日本，	坐飞机
景山公园，	骑自行车

4. 他们是来工作的吗？

他们不是来工作的，他们是来旅行的。

参观，	服务
访问，	谈贸易
学习，	度假*
学习建筑，	学习山水画儿
研究音乐，	研究园林

5. 后边开过来一辆汽车。

前边，	走，	人
那边，	跑，	小孩
湖边，	走，	老大爷
操场上，	跑，	外国学生
对面，	穿，	自行车

6. 这儿的风景多么美啊！

湖，	大
塔，	高
桥，	长
天气，	热
油饼，	好吃
服务员，	热情

7. 你常常出来玩儿吗？

不，只有星期天我才出来玩儿。

跳舞，	星期六晚上
爬山，	假日里
坐公共汽车来，	天气不好的时候
定作衣服，	买不到衣服的时候

（二）

1. 老朋友相遇 Wiedersehen alter Freunde

A：你不是张平吗？

B：啊！你是李国华。我们已经十多年没有见了，对吗？

A：是啊！你是什么时候离开南京的？

B：我是六四年离开的南京，你也是那一年毕业*的吧？

A：不，我是六五年毕业*的，那年秋天参加的工作。

B：那以后我们又见过一次，是不是？

A：对了，我是在北京看见你的。

* * *

A：你是什么时候到的北京？怎么不先写封信来？

B：我也是三天以前刚决定的，已经没有时间写信了。

A：你这次是来探亲*的吗？

B：不，我是来出差*的，在这儿只住一个星期。

A：太短了！明天你有空儿吗？到我家去玩儿，好吗？

B：一定去。我是跟两位同志一起来的，我要先告诉他们一下儿。晚上我给你打个电话吧。

2. 谈出生的时间、地点 Gespräch über Geburtsort und -datum

A：你的孩子今年几岁了？

B：十三岁了。

A：他是哪一年生*的？

B：他是一九六八年生*的。

A：他是在北京生*的吗？

B：不，是在上海生*的。

3. 征求别人的意见 Bitte um Kritik

A：您听了我们的介绍，也参观了车间，现在请给我们提提意见。

B：哪里，我们是来学习的。今天的参观对我们有很大的帮助。

* * *

颐和园

四、阅读短文

介绍对象

“喂，小师傅，给你介绍一个对象*，怎么样？”星期六下午在回家的路上，售票员小王对我说。

“是谁？”我问她。

“一见面就知道了。明天上午十点在北海公园门口见……”话还没说完，她就骑车走了。

小王是前年 (qiánnián vorletztes Jahr) 来我们这儿的。这一年多，我们常常在一起工作：我开车，她售票 (shòupiào Karten verkaufen)。在休息的时候，她还跟我学开车。她觉得我是汽车司机，参加工作的时间也比她长，总喜欢叫我“小师傅”。有一次我修车修到晚上十点多钟，忘了吃晚饭，她就给我送来了热饭热菜。那是她自己在家里给我作的。她比我小两岁，可是对我的生活*很关心，真象我的姐姐。她自己还是一个没有对象*的姑娘，现在要给我介绍对象*，多有意思啊！

星期天，我换了换衣服，九点多钟就到公园门口去等她。一会儿，小王来了，她笑着问我："你是几点来的？你来得真早。"

"我是骑车来的，九点半到的。"我心想，她是一个人来的，真奇怪，她要给我介绍的那个人在哪儿呢？

我们走进公园，她问我："你要找一个什么样 (shénmeyàng was für ein) 的人呢？"

我说："我想找一个在工作上和生活上都能互相帮助、互相关心的人。"

"你工作认真，学习努力，能帮助同志，也很关心大家，这些都是我应该学习的。可是，你今年已经二十五岁了，对自己的事儿怎么不着急呢?”

我笑了笑，不知道应该怎么回答。她看了看我，又说：“会工作的人也应该会生活啊!”

我们在湖边谈了很多，谈到了工作和学习，也谈到了生活*和理想。我觉得她很了解我，我们谈得非常高兴，已经忘了时间。这时候，前边走过来一个小朋友，问我：“叔叔，几点了?”我一看表说：“快十二点了!”

我站住问小王：“我们谈了这么长时间，那个人一定等得很着急，她在哪儿呢?”

小王一点儿不着急。她笑了笑，脸一红，不好意思地说：“你啊，真是……”

这时候，我才注意到站在我面前的小王，今天穿得非常漂亮。我心里一热：“啊!我真傻(shǎ dumm)……”

五、语　法

1. "是……"　Die Konstruktion "是…的"

要强调说明已经发生的动作的时间、地点、方式等，就用"是…的"。"是"放在要强调说明的部分之前(有时"是"也可以省略)，"的"放在句尾。例如：

"是…的" unterstreicht Zeit, Ort oder Art einer Aktion der Vergangenheit. "是" steht vor der hervorgehobenen Wortgruppe (manchmal kann "是" entfallen) und "的" steht immer am Satzende. Z.B.:

名词或代词 Nomen oder Pronomen	"是"	表时间、地点、方式的词 Zeit-, Orts- oder Artangabe	动词 Verb	名词或代词 Nomen oder Pronomen	"的"
客人	是	十点钟	走		的。
他	是	从哪儿	买来	这些书	的？
你	是	写信	告诉	他	的吗？
我们	是	坐飞机	到	上海	的。

表示过去发生某件事的一般动词谓语句，跟用"是…的"的动词谓语句所表达的意思是有区别的。上面第一个例句用"是…的"强调客人走的时间是"十点钟"，如果改为"昨天晚上十点客人走了"，则是一般地叙述昨天晚上发生的事。

Ein Satz mit Verbal-Prädikat und "是…的" unterscheidet

sich von einem gewöhnlichen Satz mit Verbal-Prädikat. Beide verweisen auf eine Aktion der Vergangenheit, aber im ersten Beispielsatz oben liegt die Betonung auf "zehn Uhr", der Zeit, zu der der Gast aufbrach. Ändert man den Satz in "昨天晚上十点客人走了", dann hat man bloß eine einfache Aussage über ein gestriges Ereignis.

用"是…的"的句子，如果动词有宾语，宾语又是名词，"的"也可以放在宾语前。例如：

Hat das Verb in einem "是…的" -Satz ein Nomen als Objekt, dann kann vor diesem Objekt "的" stehen. Z.B.:

他是在房间里找到的铅笔。

售票员问他："你是在哪儿上的车？"

如果宾语是代词，或宾语后带有趋向补语，"的"必须放在句尾(见上表)。

Ist das Objekt ein Pronomen, oder folgt ihm eine Richtungs-Ergänzung, dann muß "的" am Satzende stehen (Siehe obiges Schema).

否定形式是"不是…的"。

Die negative Form des Satzes ist "不是…的"

我们不是走来的，是骑自行车来的。

我不是一个人来的，我是跟朋友一起来的。

"是…的"也可以用来强调目的、用途、来源等，例如：

"是…的" kann auch Angaben des Zwecks, Nutzens oder Ursprungs hervorheben, z.B.:

我是来问您问题的。

这张票是他买的。

这种表是那个工厂生产的。

这类句子，"的"必须放在句尾。

In Sätzen dieser Art steht "的" immer am Ende.

2. 存现句 Der Existenzsatz

表示人或事物在某地点存在、出现或消失的动词谓语句叫存现句。例如：

Ein Satz mit Verbal-Prädikat, der Existenz, Erscheinen oder Verschwinden einer Sache oder Person angibt, heißt Existenzsatz. Z.B.:

表处所的词语 Ortsangabe	动 词 Verb	助词或补语 Partikel oder Ergänzung	名 词 Nomen
窗口前边	挂	着	一个牌子。
湖边	坐	着	两个年轻人。
楼下	来	了	一位客人。
从车里	走	下来	几个人。
广场上	开	走了	几辆车。

这种句子的词序是：表示处所的词语（有时是表示时间的词语）总是在最前边；动词后边一般要带动态助词或补语；最后是表示存在、出现或消失的人或事物的名词（这种名词常是不确指的，不能说："前边走来了他"）。

Sätze dieser Art beginnen immer mit einer Ortsangabe (manchmal Zeitangabe). Dem Verb folgt gewöhnlich eine Aspektpartikel oder eine Ergänzung. Das Nomen der Person oder Sache steht am Ende (das Nomen ist gewöhnlich unbestimmt, und daher ist "前面走来了他" falsch).

3. "多么…啊" Die Konstruktion "多么…啊"

"多么…啊"常用在表达强烈感情的感叹句中。副词"多么"用在形容词或某些动词前作状语（有时可省略为"多"），句尾常有语气助词"啊"。例如：

"多么…啊" steht im Ausrufesatz zum Ausdruck starker Emotion. Das Adverb "多么"(oder die vereinfachte Form "多") erscheint immer vor Adjektiven oder bestimmten Typen von Verben als Adverbialbestimmung. Der Satz endet gewöhnlich mit der Modalpartikel "啊". Z.B.:

那位服务员多么热情啊！

他的汉字写得多漂亮啊！

我多么喜欢中国的山水画儿啊！

以前学过的"太…了"也是一种感叹句。例如：

Die Konstruktion "太…了" schon früher erwähnt, kann ebenfalls in Ausrufesätzen erscheinen. Z.B.:

太好了！

你骑得太快了！

4. "只有…才…" Die Konstruktion "只有…才…"

"只有…才…"里的"才"表示：在特定条件下，出现某一情况或产生某种结果。例如：

In der Konstruktion "只有…才…" führt das Adverb "才" Umstände ein, die nur als Resultat spezifischer Bedingungen erscheinen können. Z.B.:

只有多听、多说、多念才能学好一种外语。

只有到了秋天，才能看到香山的红叶。

你只有自己去看一看，才能了解到那儿的情况。

"才"后常有能愿动词"能"、"会"、"可以"等。

Nach "才" folgen oft "能,会,可以" oder andere Optative.

练　习

1. 读下列词组：Lesen Sie laut:

是到上海去的　是去北京的　是来中国的

是走着来的　是坐船去的　是骑车来的

是昨天去的　是秋天修建的

是去年寄来的

一天比一天热　一天比一天健康

一天比一天高　一年比一年多

一年比一年发展　一年比一年好看

多么激动啊　多么重啊　多么累啊

多亲切啊　　多近啊　　多周到啊

2. 用括号里的词回答下列问题：Antworten Sie mit Hilfe der Wörter in Klammern:

(1) 达尼亚是什么时候去广州的？

她________。(昨天晚上)

(2) 他是怎么去的天安门？

他________。(坐公共汽车)

(3) 小王跟谁一起去颐和园的？

她________。(她母亲)

(4) 老华侨从美国坐飞机来的吗？

不，他________。(从日本坐船)

(5) 你的老同学是到中国来工作的吗？

不，他________。(旅行)

(6) 他为什么来南京？

他______。（为帮助建设工厂）

3. 看图写话（用存现句）：Verfassen Sie eine Bilderbeschreibung. Verwenden Sie dabei möglichst Existenzsätze:

4. 将下列句子翻译成汉语：Übersetzen Sie:

(1) Wann hat er sich entschlossen, eine Chinareise zu machen?（是…的）

(2) Wie schnell die Zeit vergeht!（多么…啊）

(3) Nur wenn man klassisches Chinesisch beherrscht, kann man klassische shinesische Dichtung studieren.（只有…才…）

(4) Wenn es morgen nur sonnig ist!（多么…啊）

(5) Beim Verfolgen des Spiels waren die Zuschauer so aufgeregt, daß sie unaufhörlich brüllten.（激动得）

(6) Der Lenz ist gekommen. In den Parks werden die Bäume Tag für Tag grüner.（一天比一天）

5. 阅读并复述下面的小笑话：Lesen Sie den Scherz und erzählen Sie ihn nach:

一个小女孩儿问她妈妈："妈妈，爸爸是在什么地方生*的？"

"爸爸是在上海生的。"

"您也是在上海生的吗？"

"不，我是在北京生的。"

"妈妈，我是在哪儿生的？"

"你是在广州生的。"

"那么 (nàme dann)，我们三个人是怎么认识的呢？"

6. 用第三人称讲述"介绍对象"这个故事。Erzählen Sie die Geschichte "介绍对象" in der 3. Person.

汉字笔顺表

1	贸	𠀉	貿
		贝	

2	决	冫			
		夬			
3	喊	口			
		咸（一 厂 厂 后 咸）			
4	旅	方			
			𧘇	𠂉	
			𧘇（′ 𠃊 𠄎 𧘇）		
5	林				
6	它	宀			
		匕			
7	母				
8	座	广			
		坐			
9	湖	氵			
		古			
		月			
10	桥	木			橋
		乔			
11	船	舟（′ 丿 ⺆ 月 舟 舟）			

		㕣	几		
			口		
12	景	曰			
		京			
13	幅	巾			
		畐	一		
			口		
			田		
14	草	艹			
		早			
15	物	牜	(丿 𠂉 ⺧ 牜)		
		勿	(丿 勹 勺 勿)		
16	爬	爪	(𠂆 厂 𠂢 爪)		
		巴			
17	青				
18	塔	土			
		荅			
19	阳	阝			陽
		日			

第四十五课

一、课　文

看　熊　猫

中国的熊猫是非常珍贵的动物。以前

在我们国家看不到，后来中国代表团送了两只去。我们的大动物园为这两位客人修建了一个很漂亮的熊猫馆。每天都有很多人去参观。

我和古波来到北京以后，才知道中国人多么喜欢熊猫啊！这儿的信封、本子、茶具、瓷器、钟和小孩儿的衣服上常常画着各种样子的熊猫。我们还看过介绍熊猫的电影。

昨天，我和古波请张华光一起到北京动物园去看熊猫。北京动物园很大，里边有几百种动物，不少是外国朋友送来的。小张指着正在吃草的大象说，它们有的是从南亚来的，有的是从非洲来的。

看了大象和狮子以后，我们来到熊猫馆。里边人多极了，我们挤不进去。小张带我们到了熊猫馆的后边，那儿有两只大熊猫正在吃竹叶。它们的样子又可爱、又可笑：

肥肥的身体，短短的腿，头非常大，耳朵又这么小，眼睛上象戴着墨镜一样。它们在竹子旁边不停地走过来走过去。我觉得很奇怪：为什么这儿人这么少？一会儿从屋里走出来一只小熊猫。小朋友一看见它，就都跑了过来。有的还喊着："丽丽出来了！丽丽出来了！"小熊猫爬到它妈妈身上，看着给它们照相的人，就象在问："我这么站，照得上吗？"真可爱极了。

我问旁边的一个小姑娘，"丽丽"是什么意思？小姑娘告诉我，丽丽是这个小熊猫的名字。下星期丽丽就要坐飞机出国去了。我又问她："你以后就看不到丽丽了，你希望它留在这儿吗？"

"希望。可是外国小朋友也希望早点儿看到丽丽啊！"小姑娘认真地回答。

我看着丽丽，心里想：这些熊猫和大象

不都是各国人民的友好"使者"吗？

生　　词

1.	熊猫	（名）	xióngmāo	Panda-Bär
2.	珍贵	（形）	zhēnguì	kostbar
3.	动物	（名）	dòngwù	Tier
4.	后来	（名）	hòulái	später, danach
5.	只	（量）	zhī	ZEW
6.	动物园	（名）	dòngwùyuán	Zoo
7.	熊猫馆	（名）	xióngmāoguǎn	Halle der Panda-Bären
8.	样子	（名）	yàngzi	Art, Aussehen
9.	外国	（名）	wàiguó	Ausland
10.	象	（名）	xiàng	Elefant
11.	它们	（代）	tāmen	sie (Pl. Tiere und Sachen)
12.	竹(子)	（名）	zhú(zi)	Bambus
13.	可爱	（形）	kě'ài	niedlich, lieblich
	爱	（动）	ài	lieben
14.	可笑	（形）	kěxiào	lustig, lächerlich
15.	腿	（名）	tuǐ	Bein
16.	头	（名）	tóu	Kopf

17. 戴 （动）dài tragen (Mütze, Brille, Handschuhe)

18. 墨镜 （名）mòjìng Sonnenbrille

19. 使者 （名）shǐzhě Gesandter

专 名

1. 北京动物园 Běijīng Dòngwùyuán Beijinger Zoo

2. 南亚 Nán Yà Südasien

亚洲 Yàzhōu Asien

3. 非洲 Fēizhōu Afrika

4. 丽丽 Lìlì Name eines Panda

二、注 释

1. "后来，中国代表团送了两只去。"

"后来"只能用于过去发生的事情，"以后"既可用于过去的事，也可用于将来的事。因此，只能说"以后我要更努力地学习"，不能说"后来，我要更努力地学习"。

Mit "后来" kann man nur vergangene Ereignisse beschreiben, mit "以后" dagegen vergangene und auch zukünftige. Der Satz "以后我要更努力地学习" wird falsch, wenn "以后" durch "后来" ersetzt wird.

2. 我们挤不进去。"

"挤不进去"的意思是"不能挤进去"。复合趋向补语的前边加上"得"或"不"，也可以构成可能补语。如"爬得上去"、"带不回来"等。

"挤不进去" hat dieselbe Bedeutung wie "不能挤进去". Eine komplexe Richtungs-Ergänzung nach "得" oder "不" kann eine Potential-Ergänzung bilden wie in "爬得上去","带不回来" usw.

3. "头非常大，耳朵又这么小。"

"又"(2)有"可是"的意思，表示转折。"又"的这种用法常表示两件矛盾的事情。如"他刚才很高兴，怎么现在又哭了?""我想去看足球，又怕下雨。"

"又" hier in der Bedeutung "aber" oder "jedoch" verbindet oft zwei gegensätzliche Ideen, z.B. "他刚才很高兴，怎么现在又哭了?""我想去看足球，又怕下雨。"

三、看图会话

1. 找人 Jdn. suchen

…在吗

…请进来

不进去了，…请…出来一下儿

2. 帮助 Jdm. helfen

到…去

拿得动

回得来

3. 修理 In der Reparatur

修得好

修不好

看不清楚

4. 在旅馆 Im Hotel

是从哪儿来的

是什么时候到的

是一个人来的

5. 在机场 Auf dem Flughafen

走下来

开过去

走出去

6. 体格检查 Bei der Untersuchung

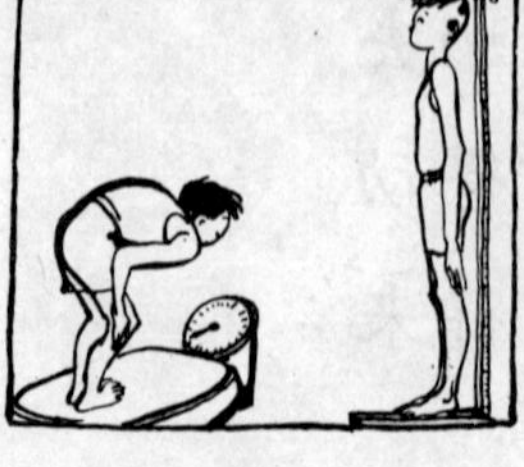

有…高

有…重

四、语法小结

1. 几种补语　Verschiedene Arten von Ergänzungen

(1) 程度补语　Die Gradergänzung

程度补语一般由形容词充任，动词结构、副词等也可作程度补语。大部分程度补语必须带"得"，也有一类不带"得"的。

Gradergänzungen bestehen gewöhnlich aus Adjektiven und gelegentlich aus Verbalstrukturen oder Adverbien. Den meisten Ergänzungen dieses Types folgt "得" aber nicht allen.

我们来得太晚了。

路上挤得开不了车。

从这儿到湖边近得多。

这只熊猫可爱极了。

(2) 结果补语　Die Resultativ-Ergänzung

他听懂了吗？

昨天他对我谈到了这件事儿。

他还没有决定住在北京。

小兰的歌儿留住了两位客人。

(3) 趋向补语　die Richtung-Ergänzung

古波着急，我们就先进来了。

别总是坐着了，快起来吧。

他还没有回宿舍去。

今天的报一会儿给您送过来。

他虽然有点儿累，但是还要跟我们爬上那座山去。

最后三分钟，我们队踢进去一个球。

在带复合趋向补语或简单趋向补语的句子里，处所宾语都不能放在句尾。

Am Ende eines Satzes mit einfacher oder komplexer Richtungs-Ergänzung kann kein Objekt der Ortsangabe stehen.

(4) 可能补语 Die Potential-Ergänzung

结果补语、简单趋向补语或复合趋向补语的前边，加上"得"或"不"，都可以构成可能补语。

Eine Potential-Ergänzung besteht aus "得" oder "不" plus einer Resultativ-Ergänzung oder einer einfachen oder komplexen Richtungs-Ergänzung.

这个广场站得下一百万人。

她喝不了茅台酒。

这辆车上不去了，等下一辆吧。

这么高你跳得过去吗？

(5) 时量补语 Die Ergänzung der Zeitangabe

他在上海住了三个多月。

他跑100米跑了11秒2。

我朋友学过两年中国山水画儿。

(6) 动量补语 Die Ergänzung der Frequenzangabe

他在电视里看过几次中国电影。

北京动物园他去过两次。

他每天早上要打一遍太极拳。

(7) 数量补语 Die Ergänzung der Quantität

这件比那件大五公分。

这种墨镜比那种贵两块多钱。

我的考试成绩比他差一点儿。

2. 副词"就"和"才" Die Adverbien "就" und "才"

"就"

(1) 表示事情发生得早、快或进行得顺利。

Das Adverb "就" zeigt an, daß die erwähnte Aktion früher, schneller oder glatter als erwartet ablief oder ablaufen wird.

我们今年就能去。

他的孩子五岁就开始学画画儿了。

这个故事老师只念了一遍，我们就听

懂了。

(2) 表示两个动作紧接着发生。

Es zeigt auch an, daß die erwähnten Aktionen dicht aufeinander folgten oder folgen werden.

我吃了午饭就去看足球赛了。

她买好了布就去定作衣服。

小兰一看见我就说:“照片上的阿姨来了。”

(3) 肯定客观事实或强调事实正是如此。

“就” kann eine frühere oder jetzige Aussage bekräftigen.

我就买这些明信片。

这就是有名的长廊。

(4) 表示动作在很短时间内即将发生。

Das Adverb “就” zeigt an, daß die erwähnte Aktion kurz bevorsteht.

飞机就要起飞了。

车就要拐弯了,请大家坐好。

请等一下儿,我一会儿就回来。

(5) 表示承接上文作出结论。

“就” kann auch auf eine eben erwähnte Tatsache zurückverweisen und ihr mögliches Resultat aufzeigen.

走到山脚下，就能看见崇祯皇帝吊死的地方。

今天没有课，我就不到学校去了。

就这么办，好吗？

要是天气好，就能看得更远。

"才"

Das "才" zeigt an:

(1) 表示事情发生得晚、慢或进行得不顺利。

daß eine Aktion nicht so früh, schnell oder glatt wie erwartet ablief oder ablaufen wird;

你怎么现在才来？

我在路上走了一个多小时才到这儿。

他到书店去了三次才买到这本小说。

(2) 表示只有在某种条件下才能出现某种结果。

daß das Gesagte eintreten wird, wenn bestimmte Bedingungen gegeben sind.

她只有星期天才有空儿出来玩儿。

我们来到北京以后，才知道中国人多么喜欢熊猫啊！

你应该这样练习，才能有更大的进步。

3. 结构助词“的”、“得”、“地” Die Strukturpartikel “的”, “得” und “地”

“的”用在定语和中心语之间。

“的” steht gewöhnlich zwischen einem Attribut und dessen Bezugswort.

远的地方可以看到蓝天下的青山、白塔。

“得”用在谓语动词和补语（程度补语或可能补语）之间。

“得” steht gewöhnlich zwischen einer Gradergänzung (oder Potential-Ergänzung) und dem prädikativen Verb.

他们在这儿过得很愉快。

门太小，汽车开得进来吗？

“地”用在状语和谓语动词之间。

“地” steht gewöhnlich zwischen einer Adverbialbestimmung und dem prädikativen Verb.

它们在竹子旁边不停地走过来走过去。

练　习

1. 在空白处填上一个字组成词或词组：Bilden Sie Wörter/Ausdrücke durch Einsetzen von jeweils einem Schriftzeichen:

园：___园，___园，___园，___园，园___

馆：___馆，___馆，___馆，___馆，

___馆，___馆

室：___室，___室

场：___场，___场，___场

堂：___堂，___堂，___堂

厅：___厅，___厅

房：___房，___房，房___，房___

复习下列各组动词，注意它们的不同意义：Vergleichen Sie diese Verbgruppen auf ihre Bedeutung hin:

(1) 拿、带、收、接、挂、放、指、换、交、干、作

(2) 坐、站、跳、跑、走、穿、爬、进、出、起、睡

(3) 念、说、讲、谈、喊、问、回答、介绍

(4) 想、喜欢、爱、感谢、忘记、注意、

放心、怕、决定

2. 将下列动词组成带简单趋向补语的词组并造句：Verwandeln Sie diese Verben in einfache Richtungs-Ergänzungen und bilden Sie dann Sätze damit:

拿_____，送_____，过_____，带_____，

进_____，起_____

将下列词组改成带可能补语的词组并造句：Wandeln Sie in Ausdrücke mit Potential-Ergänzung um und bilden Sie dann Sätze damit:

例：走回来：走得回来　走不回来

→他从天安门走得回来。

跳过去：__________　__________

拿上来：__________　__________

开进来：__________　__________

穿过去：__________　__________

3. 扩展下列句子并把简单趋向补语改成复合趋向补语：Erweitern Sie diese Sätze und verwandeln Sie die einfachen Richtungs-Ergänzungen in komplexe:

例：老师下来了。

→我们的老师跟同学一起从楼上走下来

了。

(1) 师傅回去了。

(2) 同学回来了。

(3) 熊猫过来了。

(4) 汽车过去了。

(5) 大象出来了。

(6) 司机下去了。

4. 在下列句子中填入“就”或“才”：Setzen Sie “就” oder “才” ein:

(1) 大家六点___起床了，他七点半___起。

(2) 他买了东西___去看电影，所以他去晚了。

(3) 还有一个小时___出发，现在还可以休息一下儿。

(4) 再过十分钟火车___进站了，快准备好。

(5) 明天下雨，我们___不去动物园了。

(6) 今天的练习多极了，晚上不看电视____能作完。

5. 将下列句子翻译成汉语：Übersetzen Sie:

(1) Die Kinder sind sehr niedlich.（可爱）

(2) Er möchte den Zoo oder den Sommerpalast besuchen. Er hat sich noch nicht entschieden.（又）

(3) Vor drei Jahren habe ich das Dorf verlassen. Seitdem arbeite ich in dieser Fabrik.（以后）

(4) Er möchte malen, will aber keine Zeit aufs Üben verwenden. Darum lernt er das Malen nie.（又）

(5) Er trägt einen komischen Hut.（可笑）

(6) Dieses wertvolle Photo wurde vor zwanzig Jahren aufgenommen.（珍贵）

6. 看看下列句子，正确的画(+)，不正确的画(-)：Markieren Sie die korrekten (+) und die inkorrekten (-) Sätze:

(1) 他昨天又给我寄来了一封信。（ ）

(2) 我下午进了城去。（ ）

(3) 他们辛辛苦苦地工作了六个多月才写完这本书。（ ）

(4) 我不能拿上去这张床。（ ）

(5) 他给你送一碗牛奶过来了。（ ）

(6) 这学期我学得完了第二本书。（ ）

(7) 你看得见看不见那儿的竹子？（ ）

(8) 明天他是坐火车来的。（ ）

(9) 楼上下来了古波。（ ）

(10) 我是在湖边看见他的。（ ）

五、语音语调

1. 停顿　Pause

停顿就是句子当中或句子之间的间歇。

Pausen sind Unterbrechungen in oder zwischen Sätzen:

(1) 语法停顿　Grammatische Pause

语法停顿是根据句子的语法结构所作的停顿。它停顿的时间是极短暂的（用/表示），而停顿的地方多在：

Grammatische Pausen richten sich nach den grammatischen Beziehungen zwischen Satzgliedern. Pausen dieser Art sind sehr kurz (markiert mit dem Zeichen/). Grammatische Pausen treten gewöhnlich an folgenden Stellen ein:

① 定语状语后面

Eine kurze Pause tritt gewöhnlich nach Attributen oder Adverbialbestimmungen ein:

颐和园是中国有名的/古典园林。

达尼亚从车上/走下来。

② 较复杂的宾语前面

Auch vor komplexen Objekten macht man gewöhnlich eine Pause.

古波还看过/介绍熊猫的电影。

我没有想到/在这儿看见你们了。

大家都说/香山的红叶很好看。

③ 主语谓语之间

Gewöhnlich macht man zwischen Subjekt und Prädikat eine Pause.

二位/吃点儿什么？

中国的熊猫/是非常珍贵的动物。

(2) 句逗停顿 Interpunktions-Pausen

按标点符号停顿叫句逗停顿。句号"。"、问号"？"、叹号"！"的停顿比分号"；"的停顿长。分号又比逗号"，"的停顿要长。顿号"、"停顿得最短。冒号"："、省略号"……"和破折号"——"的停顿要根据语言环境而定，有时相当于分号，有时又相当于逗号。例如：

Interpunktions-Pausen richten sich nach der Interpunktion. Pausen bei "。", Ausrufezeichen "!" oder Fragezeichen "?" sind gewöhnlich länger als Pausen bei einem Semikolon "；", und diese wiederum sind länger als die bei einem Komma "，". Pausen bei Aufzählungszeichen "、" sind am kürzesten. Pausen bei Doppelpunkten "：", Ellipsen "……" und Gedankenstrichen "——" variieren, sie sind manchmal länger, manchmal kürzer. Z.B.:

A：你们看：/天安门、/华表、/石狮子都是典型的中国古典建筑。/我的话你们听得懂吗？

B：听得懂。/老大爷，/天安门有多高？

A：有三十多米高。/天安门广场/站得下一百万人。

B：广场真大啊！

A：广场东边是历史博物馆；/西边是人民大会堂；/中间是人民英雄纪念碑。碑上边有毛主席写的字，/你们看得见吗？

B：看得见。

2. 练习：

(1) 朗读下面的诗句：Lesen Sie dies Gedicht laut:

春天了。

又一个/春天。

黎明 (límíng Tagesanbruch) 了。

又一个/黎明。

呵，/我们共和国 (Republik) 的/万丈 (zhàng

Längenmaß) 高楼/

站起来了！

它，/加高了/

一层/

又/一层！

摘自贺敬之《放声歌唱》

(2) 阅读下面的短文：Lesen Sie laut:

“下雨天留客天留我不留”

这些汉字应该怎样念？

主人希望客人走，他是这样念的：

“下雨，/天留客。/天留，/我不留。”

客人看了这些字以后，他很高兴。为什么呢？你看，他是这样停顿的：“下雨天，/留客天。/留我不？/留！”

汉字笔顺表

1	熊	能
		灬

2	猫	犭		
		苗	艹	
			田	
3	珍	王		
		㐱	人	
			彡	
4	竹	𠂉 （丿 𠂉 𠂉）		
		亇		
5	头			頭
6	戴	𢦏	十	
			戈	
		田		
		共		
7	墨	黑	里 （丶 冂 冂 冋 四 甲 甲 里）	
			灬	
		土		
8	者			

第四十六课

一、课　文

她把药吃了

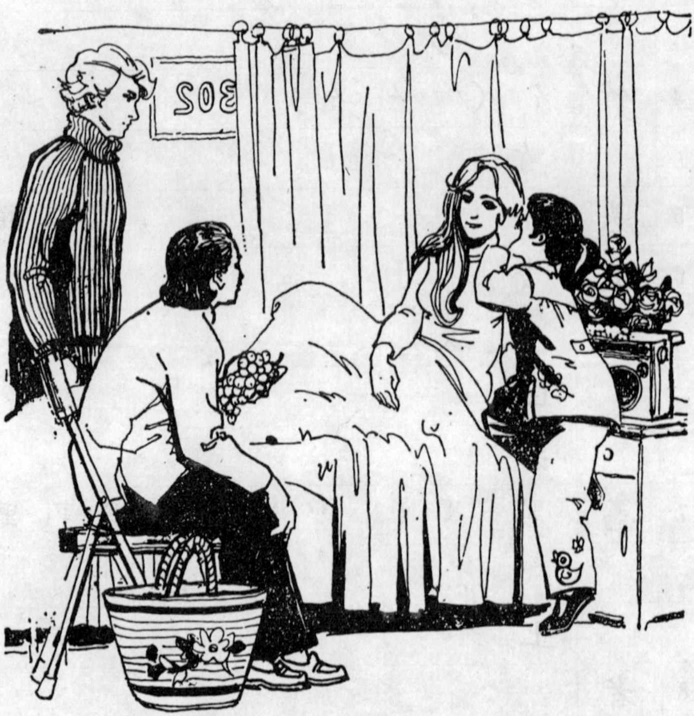

丁大娘请帕兰卡和古波星期日到她家去玩儿，但是星期六上午帕兰卡病了。她头疼、

咳嗽，很不舒服。她想，昨天晚上她没有把窗户关上，可能感冒了。下午，她开始发烧，病得很厉害。古波把她送到了医院。大夫说他是重感冒，要住院。

帕兰卡住进了内科三〇二号病房。古波办完住院手续走进病房的时候，她已经把药吃了，正在床上躺着呢。她让古波给丁大娘打个电话，告诉大娘明天他们去不了了。

星期日上午，古波又到病房来了。他手里拿着一封信，一进门就说："帕兰卡，妈妈来信了。"帕兰卡立刻坐起来说："快给我！"古波把信给了她，又把桌子上的录音机开开。帕兰卡说："你先把录音机关上吧，等我看完信再开，好吗？"

他们正说着话，听见外边有人敲门。古波开开门一看，是丁大娘和小兰！丁大娘走到帕兰卡的床前，关心地问："姑娘，你哪儿不舒服？今天好点儿吗？”帕兰卡说：“大娘，谢谢您，我好多了。昨天吃了药，又打了针，今天量体温，已经不发烧了。”丁大娘说：“这我就放心了。昨天听说你住院了，我真着急，小兰也着急，一定让我把她带来。”

古波说：“大娘，您快坐下！”

小兰说：“阿姨，尝尝我们家的葡萄。这是姥姥种的，我洗的。我把最大的给你带来了。”

“谢谢你，小兰真是好孩子。”

丁大娘说：“帕兰卡你想吃什么？我给你作。”小兰立刻跑过来，在帕兰卡耳朵旁边小声地说：“阿姨，您让我姥姥包饺子。姥姥包的饺子好吃极了。”

“小兰大声说，要不，录音机就录不上了。”古波笑着说。

丁大娘问："你把我们说的话都录上了？"

"都录上了。我要给丁云寄去，她听到咱们的谈话会多高兴啊！"

生　词

1.	把	（介）	bǎ	*Präp.*
2.	药	（名）	yào	Medizin
3.	疼	（形）	téng	schmerzhaft, Schmerzen haben
4.	咳嗽	（动）	késou	husten
5.	舒服	（形）	shūfu	wohl, angenehm
6.	窗户	（名）	chuānghu	Fenster
7.	关	（动）	guān	zumachen
8.	可能	（能动、形）	kěnéng	vielleicht; kann sein; möglich
9.	感冒	（动、名）	gǎnmào	sich erkälten; Erkältung
10.	发烧		fā shāo	Fieber haben
11.	厉害	（形）	lìhai	ernst, schlimm
12.	医院	（名）	yīyuàn	Krankenhaus
13.	住院		zhù yuàn	im Krankenhaus liegen
14.	病房	（名）	bìngfáng	Zimmer, Station (im Kran-

kenhaus)

15.	躺	(动)	tǎng	liegen
16.	手	(名)	shǒu	Hand
17.	立刻	(副)	lìkè	sofort
18.	录音机	(名)	lùyīnjī	Kassettenrecorder
	录音		lù yīn	Aufnahmen machen
19.	打(针)	(动)	dǎ(zhēn)	Spritze geben, bekommen
20.	针	(名)	zhēn	Spritze, Nadel
21.	体温	(名)	tǐwēn	(Körper-)Temperatur
22.	姥姥	(名)	lǎolao	Großmutter mütterlicherseits
23.	种	(动)	zhòng	anbauen, pflanzen
24.	小声	(形)	xiǎoshēng	leise
25.	包	(动)	bāo	wickeln, machen
26.	饺子	(名)	jiǎozi	Ravioli, (Maultaschen)

补 充 词

1.	病人	(名)	bìngrén	Patient
2.	护士	(名)	hùshi	Krankenschwester
3.	挂号证	(名)	guàhàozhèng	Anmeldekarte
4.	科	(名)	kē	Abteilung, Station (z.B. Innere)

5. 大便 （名） dàbiàn Stuhlgang

6. 解 （动） jiě Stuhlgang haben

7. 药方 （名） yàofāng Rezept

8. 药剂士 （名） yàojìshì Apotheker

9. 片 （量） piàn *ZEW*, Tabletten

二、注 释

1．“她想，昨天晚上她没有把窗户关上，可能感冒了。”

“上”作结果补语，表示动作完成后产生合拢、结合等结果。如“关上门”、“关上录音机”。

Als Resultativ-Ergänzung zeigt “上” oft an, daß der Abschluß einer Aktion ein bestimmtes Resultat wie Zusammenbringung oder Schließung erbracht hat, z.B.“关上门”,“关上录音机”.

2．“大夫说她是重感冒。”

表示一个人生了某种疾病，可以说“他得了…”，口语中也常说“他是…”，如“他得了感冒”，“他是肺炎”。

“Der Doktor sagt, sie hat sich die Grippe geholt.” Mit“他得了…” oder “他是…” stellt man gewöhnlich fest, daß sich jemand eine Krankheit geholt hat, z.B. “他得了感冒”, “他是肺炎”.

2．“古波把信给了她，又把桌子上的录音机开开。”

“副词“又”(3)可以表示在某个范围之外有所补充。例如:“昨天吃了药，又打了针。”

Das Adverb “又” (3) bedeutet manchmal “zusätzlich zu”, z.B. “昨天吃了药，又打了针。”

4．“你哪儿不舒服?”

"Was fehlt dir?"

也可以说"你怎么不舒服?""你怎么了?"

Zwei Ausdrücke mit ähnlicher Bedeutung sind "你怎么不舒服?" und "你怎么了?"

5. "我好多了。"

"Ich fühle mich viel besser."

要表示比较的差别很大，除了用"…得多"格式外，还可以用"…多了"格式。如"我比他大多了。""这种葡萄好吃多了。"

Außer "…得多" kann auch "…多了" anzeigen, daß der Unterschied zwischen beiden angesprochenen Dingen groß ist, z.B. "我比他大多了", "这种葡萄好吃多了".

6. "这我就放心了。"

"Dann bin ich beruhigt."

7. "要不，录音机就录不上了。"

"上"作结果补语，还可以表示通过动作而使某事物存在或附着于某处。如"写上他的名字"、"戴上眼镜"。

Als Resultativ-Ergänzung zeigt "上" an, daß etwas durch eine Aktion entsteht oder an einem Objekt angebracht wird, z.B. "写上他的名字", "戴上眼镜".

三、替换与扩展

(一)

1. 她把药吃了吗?
   她把药吃了。

牛奶,	喝
衣服,	洗
那本小说,	还
练习本子,	交

2. 请你把录音机开开，

好吗？

好。

门，	开开
箱子，	开开
窗户，	关上
电视，	关上

3. 你把我们的话都录上了吗？

都录上了。

花儿，	种上
衣服，	穿上
饺子，	包好
今天的练习，	作完
这些生词，	记住

4. 他们想把什么带来？

他们想把葡萄带来。

寄来，	糖
拿来，	中国画儿
送去，	奖状
寄去，	绸子

5. 他把信给你了没有？

他还没有把信给我。

这件事儿，	告诉
那张照片，	送
照相机，	还

6. 你把体温量一量吧。

我已经量过了。

心脏，	检查检查
血压，	量一量
这个录音，	听一听
身体情况，	谈一谈
要带的东西，	检查检查

（二）

1. 挂号 Anmeldung (im Krankenhaus)

病人*：同志，我要挂号。

护士：请把您的挂号证*给我。您看哪一

科*？

病人：内科。

护士：内科在二楼。您到那儿去等着吧。

2. 看病 In der Sprechstunde

护士：25号，请进来。

大夫：你怎么了？

病人：我发烧，头疼得厉害，不想吃东西。

大夫：咳嗽吗？

病人：有点儿。

大夫：你是什么时候开始不舒服的？

病人：昨天下午我觉得有点儿发烧，晚上又开始头疼。

大夫：大便*正常吗？

病人：正常。

大夫：把衣服解*开，我听一听……好，请把衣服穿上吧。

病人：大夫，您说我是什么病？

大夫：是感冒，没有别的病。这是你的药方*。打几针，吃点儿药，休息两天就好了。

3. 拿药 In der Apotheke

病人：这是我的药方，在这儿交钱吗？

护士：不，你到旁边的窗口交钱，再到对面拿药。

……

病人：这些药怎么吃？

药剂士：*每天三次，每次大、小各两片*。明天上午还要来打一针。

* * *

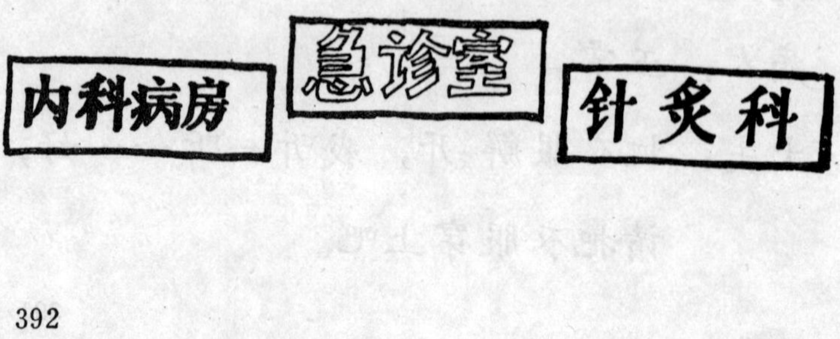

四、阅读短文

三 个 笨 人

古时候有一个县官 (xiànguān Kreisvorsteher)，他觉得自己很聪明。一天，他对差役 (chāiyì Bote in einem feudalen yamen)说："我给你们三天的时间，你们要在外边找到三个笨 (bèn dumm) 人，带到我这儿来。"

第一天他们没有找到。

第二天，他们看见一个人骑着马，手里还拿着一个很大的行李。他们走过去问他："你骑在马上，为什么还自己拿着行李呢？"那个人说："我骑在马上，马已经很累了，再放一个行李，不是更重了吗？"差役一听，高兴极了：第一个笨人找到了。他们把他带走了。

第三天他们走到城门口，看见一个人

拿着竹子进城。城门很小，他的竹子又很长，他先竖着(shù zhe senkrecht)拿，拿不进去；又横着(héng zhe waagerecht)拿，也拿不进去。他非常着急。后来把竹子折断(zhé duàn brechen)了，这才拿进去了。差役一看，第二个笨人又找到了。他们把他带走了。

第四天，差役带着这两个人去见县官。他们把这两个笨人干的事儿，告诉了县官。县官听了，笑着对第二个笨人说："你真笨极了！你怎么不把竹子从墙上扔(rēng werfen)过去呢？"差役听了，立刻说："我们还找到了第三个笨人。"县官往下边看了看，奇怪地问："这儿只有两个人，第三个在哪儿？"差役说："第三个笨人就是您！"

五、语 法

"把"字句 "把"-Stzäe

"把"字句是汉语里经常使用的一种动词谓语句，用来强调说明动作对某事物如何处置以及处置的结果，而这种处置常常使该事物移动位置、改变状态或受到一定的影响等。例如，当我们问一个人作什么了，他可以回答说："我洗衣服了。"如果要我们问他的衣服脏了怎么办，或者他的脏衣服还放在那儿吗，他就常常这样回答："我把衣服洗了。"对"衣服"的处置，除了"洗"以外，还可能是："我把衣服穿上了"、"我把衣服放在箱子里了"等。

"把"-Sätze sind der meistverbreitete Typ von Sätzen mit Verbal-Prädikat. Sie drücken aus, was mit einer Person oder Sache geschieht, und das Resultat davon. Die Aktion affiziert das Objekt in bestimmter Weise, sodaß es Ort oder Zustand ändert. Z.B. auf die Frage "Was hast du gemacht?" kann die Antwort lauten "我洗衣服了". Aber auf die Frage "Was willst du mit deiner schmutzigen Wäsche machen?" oder "Ist deine schmutzige Wäsche noch da?" kann die Antwort lauten "我把衣服洗了". Andere mögliche Antworten in diesem Zusammenhang sind "我把衣服穿上了", "我把衣服放在箱子里了", usw.

在"把"字句里，介词"把"和它的宾语——被处置的事物，必须放在主语之后、动词之前，它起状语的作用。

In einem "把"-Satz stehen die Präposition "把" und ihr Objekt, die affizierte Person oder Sache, immer nach dem Subjekt und vor dem Verb. Die gesamte Präpositional-Struktur fungiert als Adverbialbestimmung.

名词或代词 Nomen oder Pronomen	介词"把" Präposition "把"	名词或代词 (被处置的事物) Nomen oder Pronomen (affiziert)	动 词 Verb	其 它 成 分 Andere Elemente
我	把	这件事儿	忘	了。

(请)你	把	门	开	开。
你	把	录音机	带	来了吗?
他	把	书	整理	得很好。
古波	把	信	给	她了。
你	把	学过的生词	写	一写。

从上面的例句中可以看出:

An den obigen Beispielen sehen wir:

(1)“把”字句的主要动词一定是及物的,而且往往有处置或支配的意思。没有处置意思的动词如“有、在、是、来、去、回、喜欢、觉得、知道”等,不能用于“把”字句。

In einem “把”-Satz ist das Hauptverb gewöhnlich transitiv in affizierender Bedeutung. Verben wie “有,在,是,来,去,回,喜欢,觉得,知道” etc. fallen nicht unter diese Kategorie und können in “把”-Sätzen nicht verwandt werden.

(2)“把”字句的宾语一般是说话人心目中已确定的。不能说“我想把一本书看一遍”,只能说:“我想把那本书看一遍。”

Im allgemeinen ist das Objekt eines “把”-Satzes eine bestimmte Person oder Sache, die der Sprecher im Sinn hat. Statt “我想把一本书看一遍” sollte man daher “我想把那本书看一遍” sagen.

(3)“把”字句的动词后,必须带有补语(可能补语除外)、宾语等其它的成分,或者动词本身重叠,以说明怎样处置或处置的结果。不能说“他把录音机开”、必须说:”他把录音机开了”或“他把录音机开开了”。

Um zu zeigen, was mit einer Person oder Sache geschehen

ist oder was aus dem Geschehen resultiert, müssen dem Verb eines “把”-Satzes andere Elemente wie Ergänzung (außer Potential-Ergänzung) oder Objekt folgen. Andernfalls muß das Verb wiederholt werden. Statt “他把录音机开” heißt es daher “他把录音机开了” oder “他把录音机开开了”.

否定副词、能愿动词或表示时间的状语，必须放在“把”的前边。例如：

Negative Adverbien, optative Verben oder Adverbialbestimmungen der Zeit stehen gewöhnlich vor “把”. Z.B.:

他还没有把信写完。

我们要把身体锻炼好。

他明天把照相机带来。

以上所举的例子，也可以改成一般的动词谓语句，如“请你开开门”，“古波给她信了”，“我们要锻炼好身体”等。但改后的句子只是一般性地叙述，而用“把”字句则有强调对宾语处置的意思，语气也更强。

Die obigen Beispielsätze können in gewöhnliche Sätze mit Verbal-Prädikat umgeformt werden: “请你开开门”，“古波给她信了”，“我们要锻炼好身体”, etc. Diese neuen Sätze sind generelle Feststellungen, während die ursprünglichen “把”-Sätze gegenüber den obigen einen stark affizierenden Sinn haben.

练　习

1. 读下列词组：Lesen Sie laut:

头疼　脚疼　腿疼　手疼　有点儿疼

不舒服　睡得很舒服　房间很舒服

可能来　可能晚一点儿　有可能

没有可能　很可能　不太可能

病得厉害　疼得厉害　热得厉害

厉害的病　厉害的人　厉害的动物

2. 将下列句子改成“把”字句，用它回答括号中的问题：Setzen Sie “把” ein. Nehmen Sie die notwendigen Umformungen vor. Verwenden Sie die so entstehenden Sätze als Antworten auf die Fragen in Klammern:

例：我已经关上电视了。（你还在看电视吗？”）

→我已经把它关上了。

(1) 我开开窗户了。（房间里为什么这么冷？）

(2) 我已经看完这本小说了。（这本小说再让你看三天，好吗？）

(3) 她拿走了你的录音机。（我的录音机呢？）

(4) 小兰已经洗好了葡萄。（你去洗一洗葡萄，好吗？）

(5) 他已经送我这本杂志了。（这是他的杂志吗？）

(6) 他已经告诉我这件事儿了。（这件事儿你还不知道吧？）

3. 用所给的词语造“把”字句（注意动词后边的其它成分）：
Bilden Sie “把”-Sätze mit den gegebenen Ausdrücken. Achten Sie auf die Elemente nach dem Verb:

例：这本小说　翻译

→他把这本小说翻译完了。

(1) 航空信　寄

(2) 这些东西　包

(3) 上一课的生词　记

(4) 一百米的记录　打破

(5) 那个故事　讲

(6) 他朋友　送

4. 把下列句子翻译成汉语：Übersetzen Sie:

(1) Können sie das Gebäude dieses Jahr fertigstellen?
（把　修建）

(2) Kann ich diesen Roman mitnehmen?（把　带）

(3) Ich versichere dir, daß ich diese Sache nicht vergessen werde.（把　忘）

(4) Es ist nicht sicher, ob der Arzt ihn von seiner Krankheit heilen kann.（把　看）

(5) Xiao Lan half ihrer Großmutter und überredete die Gäste zu bleiben.（把　留）

(6) Es wird kalt. Du solltest dir lieber diese wattierte Jacke anziehen.（把　穿）

(7) Er hat viele Blumen und auch einige Bäume im Garten gepflanzt.（又）

(8) Ich habe heute Kopfschmerzen und einen Husten dazu.
（又）

(9) Nach der Spritze fühlte sie sich viel besser.
（…多了）

(10) Dieses Semester sind wir viel mehr beschäftigt als letztes.（…多了）

5. 根据课文回答下列问题：Beantworten Sie die Fragen zum Text:

(1) 帕兰卡和古波为什么星期天不能到丁大娘家去了？

(2) 帕兰卡哪儿不舒服？

(3) 她得了什么病？她是怎么病的？

(4) 第二天古波给她带来了什么？

(5) 她为什么不让古波把录音机开开？

(6) 丁大娘和小兰为什么也来了？

(7) 帕兰卡身体好点儿了吗？

(8) 小兰对帕兰卡说了些什么？

(9) 古波为什么要小兰大声说话？

(10) 古波为什么要录音？

6. 根据下面的图复述短文：Erzählen Sie den Lesetext anhand der Bilder nach:

汉字笔顺表

1	把	扌	
		巴	
2	药	艹	藥

		约	纟	
			勺	
3	疼	疒		
		冬		
4	咳	口		
		亥		
5	嗽	口		
		欶	朿	
			欠	
6	舒	舍		
		予(乛 マ ヱ 予)		
7	户			
8	冒	曰		
		目		
9	烧	火		燒
		尧	戈	
			兀(一 丆 兀)	
10	厉	厂		厲
		万		

11	害	宀		
		丰		
		口		
12	躺	身		
		尚	⺌	
			冂	
			口	
13	针	钅		針
		十		
14	温	氵		
		昷	日	
			皿	
15	姥	女		
		老		
16	饺	饣		餃
		交		

第四十七课

一、课 文

她把感想写在留言簿上

昨天古波和帕兰卡参观了鲁迅的故居。故居在北京阜城门内西三条二十一号。

讲解员给他们介绍了故居的情况。他说，鲁迅先生在一九二四年买了这套房子，他自己设计，把它修成现在的样子。

他们走到院子里，这儿的树都是鲁迅先生自己种的。古波一看到这些树，就想到鲁迅先生在一篇文章里写过："在我的后园，可以看见墙外有两株树，一株是枣树，还有一株也是枣树。"他问讲解员："还有两株枣树吗？"讲解员说："有，一会儿我们到后园就看见了。"

讲解员告诉他们："南房是鲁迅的客厅，西房是厨房。北房三间，东边是鲁迅母亲的卧室，西边是书房，中间是餐厅。在北房后边接出一间，北京人把这种房子叫做'老虎尾巴'，这就是鲁迅先生的卧室，也是他写文

章的地方。”他们走进去一看，房间很小。除了一张床以外，还有一张旧桌子和两把椅子，真是简朴极了。帕兰卡看着这张旧桌子，心里想：鲁迅先生的《彷徨》、《野草》……就是在这儿写的啊！

古波指着东墙上的一张照片问："这是谁的照片？"讲解员说："这就是藤野先生。他们分别的时候，藤野先生把这张照片送给了鲁迅。鲁迅回到中国以后，非常怀念这位日本老师，把他的照片挂在自己的房间里。你们读过《藤野先生》这篇有名的文章吧？"

从老虎尾巴出来，他们来到了客厅。讲解员说："这儿常常有年轻的客人来访问他。鲁迅先生总是热情地帮助他们，他培养了不少青年作家。进步青年都把鲁迅先生看作自己的好老师、好朋友。"

参观完故居，讲解员把他们送到门口。古波对讲解员说："谢谢您的介绍。"帕兰卡把自己的感想写在留言簿上："伟大的文学家鲁迅，生活多么简朴，但是他给各国人民留下的文化遗产又是多么丰富啊！"

生 词

1.	感想	（名）	gǎnxiǎng	Eindruck
2.	留言簿	（名）	liúyánbù	Gästebuch
	留言		liú yán	Kommentar schreiben
3.	故居	（名）	gùjū	früheres Wohnhaus
4.	讲解员	（名）	jiǎngjiěyuán	Führer (Ausstellung etc.)
	讲解	（动）	jiǎngjiě	erklären
5.	设计	（动）	shèjì	entwerfen
6.	成	（动）	chéng	(etw.) werden
7.	院子	（名）	yuànzi	Hof
8.	篇	（量）	piān	*ZEW*
9.	文章	（名）	wénzhāng	Artikel
10.	枣树	（名）	zǎoshù	Dattelpalme
11.	株	（量）	zhū	*ZEW*

12.	北边	(名)	běibiān	Norden; nördlicher Teil, nördliche Seite
13.	间	(量)	jiān	*ZEW*
14.	接	(动)	jiē	verbinden
15.	老虎	(名)	lǎohǔ	Tiger
16.	尾巴	(名)	wěiba	Schwanz
17.	除了…以外		chúle…yǐwài	außer
18.	把	(量)	bǎ	*ZEW*
19.	简朴	(形)	jiǎnpǔ	einfach und bescheiden
20.	怀念	(动)	huáiniàn	gedenken; sich erinnern
21.	培养	(动)	péiyǎng	ausbilden, (auf)ziehen
22.	青年	(名)	qīngnián	Jugendliche, die jüngere Generation
23.	作	(动)	zuò	als… betrachten
24.	伟大	(形)	wěidà	groß
25.	文学家	(名)	wénxuéjiā	Literat
26.	生活	(名、动)	shēnghuóo	Leben; leben
	活	(动、形)	huó	leben; lebendig
27.	遗产	(名)	yíchǎn	das Erbe
28.	丰富	(形、动)	fēngfù	reich; bereichern

专　名

1. 阜城门	Fùchéngmén	*Viertel in Beijing*
2. 西三条	Xīsāntiáo	*Viertel in Beijing*
3.《彷徨》	《pánghuáng》	*Name einer Sammlung von Kurzgeschichten*
4.《野草》	《Yěcǎo》	*Name einer Sammlung von Prosagedichten*
5. 藤野	Téngyě	*Personenname*

补　充　词

1. 办公室	（名）	bàngōngshì	Büro
2. 错误	（名）	cuòwù	Fehler
3. 改	（动）	gǎi	verbessern
4. 出院		chū yuàn	Krankenhaus verlassen
5. 恢复	（动）	huīfù	genesen, wiederherstellen
6. 纪念	（动、名）	jìniàn	gedenken; Gedenken
7. 牛马	（名）	niúmǎ	Ochsen und Pferd, Lasttiere
8. 群众	（名）	qúnzhòng	Massen

二、注　释

1．“古波一看到这些树，就想到鲁迅先生在一篇文章里写过…”这篇文章叫《秋夜》，收在鲁迅的散文诗集《野草》里。

Dies ist der Essay "Herbstnacht", er steht in Lu Xuns Sammlung von Prosagedichten "Wilde Gräser".

2. "这就是藤野先生。"

藤野先生名藤野严九郎(1874—1945)，日本福井县人，曾在仙台医学专门学校任教。鲁迅于1902年到日本学医，在该校学习，藤野先生在学习上给鲁迅以很大帮助。1906年夏天鲁迅离开仙台，到东京从事文学活动。

Fujino Gamkulo (1878-1945) aus dem Kreis Fukui, Japan, lehrte an der Medizinischen Hochschule in Sendai, wo Lu Xun von April 1902 bis Sommer 1906 studierte. Er wurde von Fujino sehr gefördert. Nachdem Lu Xun Sendai verlassen hatte, begann er seine Schriftstellerlaufbahn in Tokyo.

三、替换与扩展

(一)

1. 她把<u>自己的感想</u>写在哪儿了？

她把自己的感想写在<u>留言簿上</u>了。

枣树，	种，	院子里
镜子，	挂，	墙上
自行车，	放，	门口
收信人的名字，	写，	上边

2. 他们想把房子修建成那种样子吗?

对了，他们想把房子修建成那种样子。

这篇文章，	翻译，	英文
这个故事，	写，	小说
这些青年，	培养，	运动员
礼堂，	设计，	中式的
新买的布，	作，	棉袄

3. 他们把这间卧室叫作什么?

他们把这间卧室叫作“老虎尾巴”。

鲁迅先生，	看，	自己的老师
张华光，	叫，	小张
丁师傅，	选，	车间主任
她，	看，	自己的女儿

4. 他把客人送到汽车站了吗?

他没有把客人送到汽车站。

他姥姥，送，医院
录音机，拿，病房
照片，寄，日本
汽车，开，院子里
糖，放，牛奶里

5. 请你把这张照片送给我，可以吗？

可以。

这些葡萄，带，我母亲
这幅画儿，寄，那位讲解员
这件事儿，交，我们
《野草》，还，图书馆
面包，拿，我

6. 除了《藤野先生》以外，你还看过什么？

我还看过《药》。

狮子和老虎，看，熊猫
历史，学，艺术
竹子，画，梅花
工厂，参观，农村

7. 除了他们俩以外，别的人都没有去鲁迅的故居吗？

除了他们俩以外，别的人都没有去鲁迅的故居。

帕兰卡，	没有得感冒
她们俩，	去旅行
你，	喜欢爬山
她，	会洗照片

（二）

1. 约时间 Verabredung

A：老师，我有几个问题想问您一下儿，您什么时候有空儿？

B：除了星期三以外，每天下午我都在办公室*。

A：明天下午我去找您，可以吗？

B：你来吧。

A：除了课文上的问题以外，练习本上我

还有些不懂的地方。

B：好，明天下午把你的练习本子带来吧。

2. 辅导 Nachhilfe

B：你知道这句话为什么不对吗？

A：我把"以后"写成了"后来"。

B：除了这个词以外，还有别的错误*吗？

A：我想一想。对了，应该把"因为"放在"他"的前边。

B："因为"放在前边跟放在后边一样。这句话应该改*成这样……

3. 看病人 Krankenbesuch

A：小王，你觉得怎么样？好点儿吗？

B：谢谢你，我今天好多了。

A：你快躺下，别起来了。这是送给你的花儿。同学们让我把录音机带给你。要是你觉得舒服点儿，可以听听音乐。

B：谢谢大家的关心。请大家别来看我了，

我很快就要出院* 了。

A：别着急，再好好儿地休息几天。希望

你早点儿恢复* 健康。

* * *

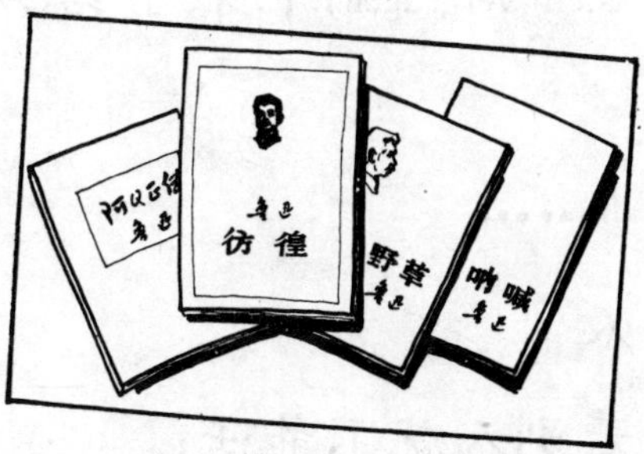

四、阅读短文

有　的　人

——纪念* 鲁迅有感

有的人活着

他已经死了；

有的人死了

他还活着。

有的人
骑在人民的头上："啊，我多伟大！"
有的人
俯(fǔ sich verbeugen)下身子给人民当牛马*。

……

有的人
他活着别人就不能活；
有的人
他活着为了多数 (duōshù Mehrheit) 人更好地活。
骑在人民头上的，
人民把他摔垮 (shuāikuǎ umstürzen)；
给人民作牛马的，
人民永远记住他！

……

他活着别人就不能活的人，

他的下场(xiàchang Ende)可以看到；

他活着为了多数人更好地活着的人，

群众*把他抬举(táijiǔ preisen)得很高，很

高。

（节选自《臧克家诗选》Auszug aus Zang Kejias Gedichtsammlung"）

五、语　法

1. 几种特殊的"把"字句 Einige Spezialtypen von "把"-Sätzen

下列情况，不可能用一般动词谓语句，必须要用"把"字句：

In folgenden Situationen müssen statt des normalen Typs von Sätzen mit Verbal-Prädikat "把"-Sätze benutzt werden:

主要动词后有结果补语"在"或"到"以及表示处所的宾语，说明受处置的事物或人通过动作处于某地或到达某地时，必须用"把"字句。例如：

"把"-Sätze werden verwandt, wenn dem Hauptverb die Resultativ-Ergänzung "在" oder "到" und als Objekt ein Nomen der Ortsangabe folgen, wobei das Objekt den Standort angibt, an dem sich eine Person oder Sache im Resultat einer Aktion befindet. Z.B.

你把枣儿放**在**哪儿了？

他把笔忘在家里了。

我已经把那把椅子拿到楼上去了。

他们把我送到车站才跟我说"再见"。

主要动词后有结果补语"成"或"作"和表示结果的宾语，说明受处置的事物或人通过动作而成为什么时，必须用"把"字句。例如：

"把"-Sätze werden verwandt, wenn dem Hauptverb die Resultativ-Ergänzung "成" oder "作" und ein resultatives Objekt folgen, wobei das Objekt angibt, was im Resultat einer Aktion aus einer Person oder Sache wird. Z.B.:

他把"大夫"两个字念成了dàfu。

他们用了三年的时间把这个车间发展成一个工厂。

他们都把她看作家里人。

上海人把"喝茶"叫作"吃茶"。

主要动词后有结果补语"给"和表示对象的宾语，说明受处置的事物通过动作交给某一对象时，在一定条件下也要用"把"字句。例如：

"把"-Sätze werden auch verwandt, wenn dem Hauptverb die Resultativ-Ergänzung "给" und ein Objekt folgen, das anzeigt, daß etwas als Resultat einer Aktion einem Empfänger übergeben wurde. Z.B.:

我把钱交给了售票员。

他把我们介绍给文化参赞。

小张把这碗饺子留给古波尝尝。

2. "除了…以外" Die Konstruktion "除了…以外"

"除了…以外"("以外"也可省略)可以表示在什么以外还有别的，后边常跟副词"还"、"也"、"又"等。例如：

Nach "除了…以外" ("以外" kann entfallen) = "außerdem" oder "außer" stehen oft Adverbien wie "还", "也" oder "又". Z.B.:

房间里除了一张床以外，还有一张旧桌子和两把椅子。

除了她以外，还有两个同学也觉得不舒服。

昨天下午除了游泳，他还钓鱼了。

这位护士除了工作认真，生活也很简朴。

"除了…以外"还表示所说的不包括在内，后边常跟副词"都"或"没有"。例如：

"除…以外" bedeutet ebenfalls "außer". Ihm folgen oft Adverbien wie "都" oder "没有". Z.B.:

除了他骑自行车去以外，我们都坐公共汽车去。

除了冬天冷一点儿以外，这儿的气候很不错。

除了枣树，院子里没有别的树了。

练　习

1. 读下列词组：Lesen Sie laut:

设计成　培养成　修建成　排成　换成

叫作　看作　选作　留作　念作　用作

培养青年　培养学生　培养作家

培养教练　培养司机

伟大的国家　伟大的人民　伟大的文学家

伟大的艺术家　伟大的建筑

丰富的文化遗产　丰富的知识

丰富的生活　丰富的东西

2. 用适当的词组完成下列"把"字句：Setzen Sie geeignete Ausdrücke ein:

(1) 讲解员把参观的人______院子里。

(2) 我已经把上个月买的绸子____裙子了。

(3) 帕兰卡在留言簿上写完自己的感想以后，古波看了看，也把自己的名字____留言簿上了。

(4) 古波很喜欢这位青年作家的文章，他想把他____英文。

(5) 他给小王一张法国地图，小王把它____宿舍的墙上。

(6) 飞机八点起飞，司机七点钟开车把他们____机场。

(7) 下午你看见她的时候，把这封信____她，好吗？

(8) 他把这次假期旅行____了解中国的好机会。

3. 根据课文内容回答下列问题：Beantworten Sie diese Fragen zum Text:

(1) 鲁迅先生把他买的房子修建成什么样子？

(2) 古波把讲解员介绍的情况写在本子上了没有？

(3) 鲁迅先生把那些树种在什么地方？

(4) 他把藤野先生的照片挂在哪儿？

(5) 鲁迅的卧室里放着一些什么东西？

(6) 进步青年为什么把鲁迅看作自己的老师和朋友？

(7) 帕兰卡在留言簿上写了些什么？

4. 用所给的词造"把"字句：Bilden Sie Sätze mit "把" und den gegebenen Wörtern:

(1) 梅花　种在

(2) 饺子　留给

(3) 红叶　放在

(4) 孩子　培养成

(5) 汽车　停在

(6) 风景照片　寄到

5. 将下列句子翻译成汉语：Übersetzen Sie:

(1) Außer Kurzgeschichten schrieb Lu Xun viele Essays. (除了…以外)

(2) Was für einen Kommentar möchten Sie zu dem gelesenen Essay abgeben? (感想)

(3) Sie mag alle Arten von Gerichten außer Fleisch. (除了…以外)

(4) Junge Leute haben jetzt viel reichhaltigere Ferienbeschäftigungen als früher. (丰富)

(5) Außer in diesem Haus wohnte Lu Xun an drei anderen Stellen in Beijing. (除了…以外)

(6) Eine große Anzahl von Ärzten wurde an dieser Hochschule für unser Land ausgebildet. (培养)

6. 用动词"拉"和"推"填在下面的句子里：Setzen Sie das Verb "拉" (lā ziehen) oder "推" (tuī schieben) ein:

在下面的画儿里，一号车厢、二号车厢和火车头停在A、B、C、三个地方。E是一座桥，只有火车头能过去，车厢不能过去。现在要让司机把一号车厢停在B上，把二号车厢停在A上，火车头还回到C上，司机应该怎么作呢？

Auf der Zeichnung sind zwei Wagen und eine Lokomotive an den Punkten A,B bzw. C. Bei E ist eine Brücke, die aber nicht mehr als eine Lokomotive tragen kann. Der Lokführer soll Wagen Nr. 1 in die Position B und Wagen Nr. 2 in die Position A bringen. Dann soll er die Lok zurück in die Ausgangsposition C bringen. Wie geht der Lokführer vor?

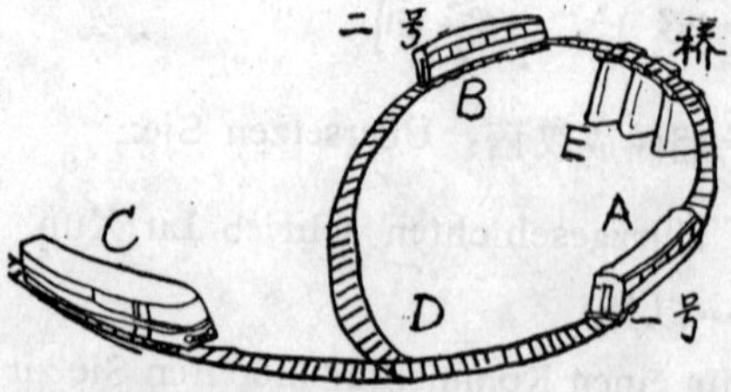

(1) 他先用火车头 (huǒchētóu Lokomotive) 把二号从B___出来，再___到C。

(2) 他把一号从A___到B。

(3) 他把二号从C___到A。

(4) 他把一号从B___到D。

(5) 他把一号和二号一起___到C，再把一号留下，把二号___到A。

(6) 他把1号从C___出来，再___到B。

(7) 他把火车头开回C。

汉字笔顺表

1	簿	⺮	
		溥	
2	计	讠	計

		十	
3	篇	⺮	
		扁	
4	章	立	
		早	
5	枣	朿（一 ⺁ 冖 巿 朿 朿）	棗
		⺀	
6	株	朩	
		朱（丿 𠂉 𠂒 牛 朱 朱）	
7	北	丨 ⺊ 丬 丬 北	
8	虎	虍（⺊ 𠂤 虍）	
		七	
		几	
9	尾	尸	
		毛	
10	巴		
11	除	阝	
		余	人

			朩	
12	简	竹		簡
		间		
13	朴	木		樸
		卜		
14	怀	忄		懷
		不		
15	培	土		
		音	立	
			口	
16	养	美	(𦍌 美)	養
		八		
17	伟	亻		偉
		韦	(一 二 亏 韦)	
18	遗	贵		遺
		辶		
19	丰	一	二 三 丰	豐
20	富	宀		
		畐		

INFO

Das Rong-Bao-Zhai-Atelier

Wenn man von der Liulichang-Straße in Beijing spricht, dann denkt man an die traditionelle Kultur und Kunst Chinas. Im westlichen Teil der Liulichang befindet sich das Rong-Bao-Zhai-Atelier. Hier werden Werke berühmter alter und moderner Maler gesammelt und verkauft, und die Reproduktionen traditioneller chinesischer Gemälde sind weltbreühmt. Das Atelier kann auf eine Geschichte von mehr als 200 Jahren zurückblicken.

Seit der Gründung der Volksrepublik China hat das Atelier die Technik des Aquarell- Drucks zu hoher Vollendung gebracht. Mit dieser Technik wurden mehr als 1 500 alte und moderne Bilder verschiedener Schulen von der Tang-Dynastie bis heute reproduziert. Einmal wurden dem berühmten Maler Qi Baishi eine Tuschzeichnung von Krabben und daneben eine Reproduktion gezeigt, sozusagen als Quizfrage. Qi, dessen eigenes Werk die Tuschzeichnung war, konnte zunächst nicht sagen, welches das Original war. Das ist ein überzeugender Beweis dafür, daß das Atelier in der Kunst der Reproduktion eine außerordentliche Fertigkeit besitzt.

第四十八课

一、课　文

灯笼作好了

亲爱的爸爸、妈妈：

因为最近比较忙，所以这封信写晚了。妈妈着急了吧？

我们已经在这儿过了第一个春节。中国

的春节就象我们的圣诞节一样，是全家人团聚的节日。李老师早就请我们到他家去过春节。

初一上午，我们到了李老师家。见到他，我们说："李老师，给您全家拜年！"李老师回答："祝你们春节好！快到屋里坐。"他家里打扫得很干净，东西收拾得非常整齐。红纸黑字的新春联贴在门上，屋里墙上还挂着一幅年画儿。

坐下来以后，李老师介绍说："这是我母亲，那是我儿子，叫阳阳。这是黄老师……"阳阳立刻说："黄老师是我妈妈。"大家都笑了。

我把带来的礼物给了阳阳，他高兴地说："我的灯笼也作好了，我去把它拿来。"黄老师笑着告诉我们："这孩子听说你们来跟我们一起过年，高兴极了，他总问我，应该给外国阿姨什么新年礼物。我跟他说，你作个灯笼吧……”说着，灯笼拿来了，是一只兔子，上边还写着“恭贺新禧”四个字。阳阳问我：“阿姨，你喜欢吗？”我说：“作得真好，谁见了都会喜欢的。谢谢你，阳阳。”

这时候，邻居的孩子正在院子里放爆竹。他们都穿着新衣服、新鞋，戴着新帽子。一个孩子走过来问古波：“叔叔要放爆竹吗？”古波看着我，我知道他的意思，就说：“你什么都想试一试！别不好意思了，咱们去看看吧。”我们跟阳阳一起走了出来。

古波放了一个爆竹，孩子们高兴地鼓掌，让他再放一个。一会儿黄老师出来说：“桌子摆好了，请进来吃饭吧。”

回到屋里，我们看着桌上这么多菜，就

对黄老师说："太麻烦您了。"她笑了笑，指着正从厨房里走出来的李老师说："今天的菜是他作的。"真没想到我们李老师菜作得这么好。

第一个春节过得很愉快。丁大娘已经跟我们说了，下一个春节一定要在她家过。不多写了。祝

好

女儿

帕兰卡二月十九日

生　词

1. 灯笼	(名)	dēnglong	Laterne
灯	(名)	dēng	Laterne, Lampe, Licht
2. 亲爱	(形)	qīn'ài	lieb
3. 因为	(连)	yīnwei	weil, denn
4. 全	(形)	quán	ganz, alle
5. 团聚	(动)	tuánjù	(wieder) zusammenkommen

6.	节日	（名）	jiérì	Festtag, Feiertag,
	节	（名）	jié	Fest
7.	初	（头）	chū	*Präfix*
8.	拜年		bài nián	zum Neuen Jahr gratulieren
	年	（名）	nián	Jahr, Neujahr
9.	屋（子）	（名）	wū(zi)	Zimmer
10.	打扫	（动）	dǎsǎo	saubermachen
	扫	（动）	sǎo	fegen
11.	干净	（形）	gānjing	sauber
12.	收拾	（动）	shōushi	aufräumen, in Ordungen bringen
13.	整齐	（形）	zhěngqí	Ordnung
14.	黑	（形）	hēi	dunkel, schwarz
15.	春联	（名）	chūlián	Frühlings-Wandsprüche
16.	贴	（动）	tiē	ankleben
17.	年画儿	（名）	niánhuàr	Neujahrsbild
18.	儿子	（名）	érzi	Sohn
19.	礼物	（名）	lǐwù	Geschenk
20.	新年	（名）	xīnnián	Neujahr
21.	兔子	（名）	tùzi	Hase
22.	恭贺新禧		gōnghèxīnxǐ	Fröhliches Neues Jahr

23. 放(爆竹)

(动) fàng(bàozhu) abbrennen (Feuerwerk)

24. 爆竹 (名) bàozhu Feuerwerk

25. 摆 (动) bǎi decken (Tisch)

26. 麻烦 (动、形) máfan Umstände machen; umständlich

专 名

1. 春节 Chūn Jié Frühlingsfest

2. 圣诞节 Shèngdàn Jié Weihnachten

3. 黄 Huáng *Nachname*

4. 阳阳 Yángyang *Name eines Kindes*

补 充 词

1. 除夕 (名) chúxī Silvester

2. 年夜饭 (名) niányèfàn Silvesteressen

3. 风俗 (名) fēngsú Sitte

4. 灯节 Dēng Jié Laternenfest (der 15. des 1. Monats nach dem Mondkalender)

5. 夏历 (名) xiàlì traditioneller chinesischer Kalender

6. 元宵节　Yuánxiāo Jié　Laternenfest

7. 袋　（名）dài　Sack

8. 粮食　（名）liángshi　Getreide, Nahrung

二、注　释

1. “我们已经在这儿过了第一个春节。”

春节（夏历正月初一）是中国传统的节日。民间习惯上也把春节说成“新年”。

Das Frühlingsfest, einer der traditionellen Feiertage Chinas, fällt auf den ersten Tag des ersten Monats im Mondkalender. Daher wird es üblicherweise auch “Neujahr” genannt.

2. “初一上午，我们到了李老师家。”

夏历每月第一天叫“初一”、第二天叫“初二”，依此类推直到“初十”。以下则是“十一、十二……三十”。

Der erste Tag jedes Monats im Mondkalender nennt sich “初一”, der zweite “初二”。Die ersten zehn Tage jedes Monats tragen alle das Präfix “初”, die übrigen Tage dagegen heißen einfach “十一”, “十二”, “十三” usw.

3. “给您全家拜年。”

“给……拜年”是向人祝贺新年或春节的用语。

“给……拜年” ist ein Glückwunsch zum Neujahr oder Frühlingsfest.

4. “上边还写着‘恭贺新喜’四个字。”

“恭贺新喜”是祝贺新年或春节的用语，常写在贺年片上。

“恭贺新喜” ist ebenfalls ein Glückwunsch auf Neujahrs-karten.

5. “谁见了都会喜欢的。”

语气助词“的”可以表示确定的语气，强调确实如此，无可怀疑，如“明天我一定来的”。

Die Modalpartikel “的” kann “Gewißheit” ausdrücken, z.B. “明天我一定来的”.

6. “太麻烦您了。”

因麻烦别人而对别人表示歉意或感谢的用语。

Ausdruck der Entschuldigung oder des Dankes für die Mühe, die sich jemand gemacht hat.

三、替换与扩展

(一)

1. 屋子打扫干净了吗？
还没有打扫干净呢。

桌子，摆好
房间，收拾干净
书，　放整齐
年画，挂好
礼物，买来
邮票，贴上

2. 春节过得怎么样？
春节过得很愉快。

春联，写，漂亮
灯笼，作，好看
文章，写，不错
衣服，洗，干净

饭菜，作，好吃
房间，收拾，整齐

3. 春联贴在哪儿？

春联贴在门上。

花儿，放，客厅里
葡萄，种，院子里
感想，写，留言簿上
菜，摆，桌子上

4. 这篇文章有意思吗？

这篇文章很有意思，

谁都喜欢看。

这本小说，	看
动物园，	参观
北海，	去
太极拳，	打
这种语言，	学

5. 他什么都想试一试吗？

他什么都想试一试。

哪儿，	看
谁，	问
什么练习，	作
哪个公园，	去
哪位作家的情况，	了解

6. 他为什么没有回信？

因为最近比较忙，所以没有回信。

上课，	病了
回家，	学校有事儿
来，	今天过生日
看京剧，	听不懂
买那套瓷器，	带的钱不够

（二）

1. 谈除夕的风俗 Gespräch über traditionelle Silvesterfeiern

A：除夕*的晚上，你们是怎么过的？

B：我们全家人在一起吃年夜饭*，那天作

了很多菜，喝了酒，还包饺子了。

A：听说吃年夜饭*的时候，桌上都要摆上鱼，是吗？

B：对，这也是我们的一种风俗*。“鱼”的发音 (fāyīn Aussprache) 跟“余” (yú Überrest) 一样，“年年有鱼”，意思就是“年年有余”——大家都希望在新的一年里生活得更好。

A：你们睡得很晚吗？

B：睡得很晚。孩子们放爆竹，玩灯笼，都高兴得不想睡觉。

2. 谈放爆竹 Gespräch über Feuerwerk

A：春节为什么要放爆竹？

B：放爆竹的意思是送走旧年，迎来新的一年。你知道“爆竹”这两个字是怎么来的吗？

A：不知道。

B：很早以前，还没有现在放的这种爆竹。那时候过春节就烧（shāo brennen）竹子，叫“爆竹”，后来，虽然不再烧竹子了，但是还用这个名字。

3. 谈灯节 Gespräch über das Laternenfest

A：你知道中国的灯节吗？

B：是夏历*一月十五吧？

A：对。灯节*又叫元宵节*，那天要吃一种叫作元宵的点心。

B：我在小吃店吃过元宵，非常好吃。

A：除了吃元宵以外，那天还要看灯。一千多年以前就有看灯的风俗*了。

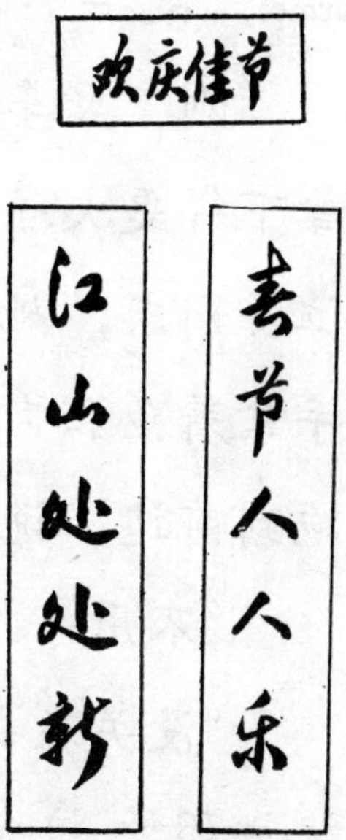

春联

B：好象有一个京剧介绍了古时候灯节*的情况。现在灯节*还能看到灯吗？

A：能。灯节*那几天，你在公园里还可以看到各种灯。

四、阅读短文

一家人

今年春节，解放军 (jiěfàngjūn Volksbefreiungsarmee) 战士 (zhànshì Soldat) 王新回北京看母亲。刚下火车，就下雪了。快到家的时候，雪下得更大了。这时候，他看见前边有一位女同志，她一只手拿着一袋*粮食*，一只手拿着鱼和肉 (ròu Fleisch)，走得很慢。他立刻跑到前边，说："同志，我帮你拿吧。"

"不用了，很快就到了。"女同志说。

"没关系，你把粮食给我吧。"王新说着，就把那袋*粮食*接过来。

这位女同志看了看王新，就问他："同志，你去哪儿？"

"回家过春节，我家就在前边28号。"

“你母亲是王大娘吧？”

“你怎么知道……”

“已经到28号了，快进去吧！”女同志笑了笑说。

“不，我先把你的东西送去，再回家。”

“你快把粮食拿进去吧，这是……”

王新的母亲听见外边有人说话，就走了出来。他一看见儿子，就说：“你回来了！啊，兰英同志也来了。东西快放下，把身上的雪扫扫，到屋里坐吧。”

走进屋子，王大娘告诉儿子：“这是商店的李兰英同志，她是来给咱们家送粮食的。她看我岁数大了，你又不在家，每个月都给我把粮食和别的东西买来。”

听了妈妈的话，王新非常感谢这位售货员同志。他说：“谢谢你的帮助。”李兰英说：“不用客气，你在路上不是也帮助我了吗？解放军和人民是一家人啊！”

五、语　法

1. 意义上的被动句　Sätze des logischen Passivs

汉语中有些句子的主语是受事的，它在形式上和主语是施事的句子没有区别，但被动的意思很明显，我们叫它意义上的被动句。这种句子在生活中常用，主语一般是某种事物，而且是确指的。例如：

Es gibt Sätze, deren Subjekte Objekte von Aktionen sind, die aber ihrer Struktur nach Sätzen gleichen, deren Subjekte Agente von Aktionen sind. Solche Sätze sind ihrer Bedeutung nach eindeutig passivisch und werden "Sätze des logischen Passivs" genannt. Sie werden im täglichen Leben häufig gebraucht. Ihr Subjekt ist gewöhnlich eine bestimmte Sache. Z.B.:

电影票已经卖完了。

灯笼挂起来了吗？

菜已经作好了，还没有拿进去呢。

2. 疑问代词表示任指　Interrogativpronomen mit genereller Bedeutung

疑问代词有时并不表示疑问，而是代替任何人、任何事物或方式，强调没有例外。后边常有“都”或“也”与之呼应。例如：

Manchmal dienen Interrogativpronomen nicht der Bildung von Fragen, sondern bezeichnen irgendjemand, irgendetwas oder irgendwie. Ihnen folgen gewöhnlich "都" oder "也". Z.B.:

已经十二点了，但是谁也不想睡觉。

他什么录音机都能修好。

她家里哪儿都收拾得很整齐。

箱子里衣服太多了，箱子盖儿怎么也关不上。

3. “因为…所以…” Die Konstruktion “因为…所以…”

“因为…所以…”表示因果关系。“因为”分句表示原因，“所以”分句表示结果。有时候也可以省去这两个连词中的任何一个。例如：

In einem “因为…所以…”-Satz nennt der “因为”-Teilsatz den Grund und der “所以”-Teilsatz das Resultat. Manchmal entfällt eine der beiden Konjunktionen. Z. B.:

因为要准备考试，所以他决定不去旅行了。

他们学习都很努力，所以能学得很好。

因为星期日城里太挤，他想星期六进城。

练　习

1. 读下列词组：Lesen Sie laut:

过春节　　过圣诞节　过节　过新年

过年　过生日

比较好　比较近　比较全

比较旧　比较累　比较小

比较整齐　比较干净　比较正确

比较丰富　比较清楚

全家　全班　全校　全市　全国　全厂

全天　全年

贴在门上　挂在墙上　放在床上

摆在桌上　拿在手上

2. 将下列“把”字句改成意义上的被动句：Wandeln Sie in Sätze des logischen Passivs um:

例：她把桌上的东西摆得很整齐。

→桌上的东西摆得很整齐。

(1) 李大娘把院子打扫得很干净。

(2) 阳阳把写着“恭贺新禧”四个大字的灯笼挂在门口。

(3) 王大夫的妻子把饭菜都准备好了。

(4) 他把这件礼物送给了外国阿姨。

(5) 孩子们把爆竹放完了。

(6) 大家快把饺子包好了。

(7) 王老师把自己写的春联贴在门上了。

(8) 他把糖、点心、茶具都摆好了。

3. 将下列词语扩展成意义上的被动句：Bilden Sie mit Hilfe folgender Ausdrücke Sätze mit passivischer Bedeutung:

例：准备　饭菜

→过年的饭菜都准备好了。

(1) 买　礼物

(2) 修　录音机

(3) 收拾　房间

(4) 建设　工厂

(5) 打扫　厨房

(6) 写　文章

(7) 洗　照片

(8) 拿下　镜头盖儿

4. 用疑问代词表示任指来完成下列句子：Ergänzen Sie die Sätze mit den generellen Interrogativpronomen in Klammern:

(1) 兔子这种动物非常可爱，______。（谁）

(2) 他今天很不舒服，______。（哪儿）

(3) 因为方向不对，______。（怎么）

(4) 这个电影没有意思，______。（谁）

(5) 这种糖现在生产得很少，______。（哪儿）

(6) 天黑了，外边又没有灯，______。（什么）

(7) 卧室里除了一张床、一张桌子和两把椅子以外，______。（什么）

(8) 帕兰卡把古波的自行车骑走了，又没有告诉他，古波______。（怎么）

5. 根据课文内容用"为什么"提出十个问题，然后再回答。Bilden Sie zehn Fragen mit "为什么" zum Text und antworten Sie darauf:

6. 将下列句子翻译成汉语：Übersezen Sie:

(1) Die Gerichte sind schön aufgetischt.（摆）

(2) Das war das erste Mal, daß sie Weihnachten im Ausland verbrachten.（过）

(3) Er war ziemlich müde, denn er hatte gerade bei einem Ballspiel mitgemacht.（因为…所以…）

(4) Alle in unserer Klasse haben diese Prüfung gut gemacht.（全班）

(5) Sie wird selten krank. Sie ist ziemlich gesund.（比较）

(6) Er hatte großes Heimweh während des Frühlingsfestes, denn es ist ein Fest, wo die Familie zusammenkommt.（因为…所以…）

(7) Er will alles lernen, aber in keinem seiner Studienfächer ist er sehr erfolgreich.（什么）

(8) Du kannst diese Frage beantwoten, wie immer du willst.（怎么）

7. 根据阅读短文看图说话：Erzählen Sie den Lesetext mit Hilfe der Bilder nach:

汉字笔顺表

1	灯	火		燈
		丁		
2	笼	⺮		籠
		龙（一 ナ 九 龙 龙）		
3	因			
4	聚	取	耳	
			又	
		乑（一 丁 亻 豸 乑 乑）		
5	节	艹		節
		卩		
6	初	衤		
		刀		
7	全	人		
		王		
8	拜	手		
		手（三 手）		
9	屋	尸		
		至		

10	扫	扌	掃
		ヨ	
11	净	冫	
		争	
12	拾	扌	
		合	
13	齐	文	齊
		丿丨	
14	黑	里	
		灬	
15	春	夫（三 丰 夫）	
		日	
16	联	耳	聯
		关	
17	贴	贝	貼
		占	
18	兔	⺈	
		兎（口 尸 兄 兎）	
19	恭	共	

		小（⺌ ⺍）		
20	禧	礻		
		喜		
21	爆	火		
		暴	日	
			共	
			氺	
22	摆	扌		擺
		罢	罒	
			去	
23	麻	广		
		林		
24	烦	火		煩
		页		

第四十九课

一、课文

我们都被这个话剧感动了
——古波的日记

四月七日　星期六　（晴）

今天晚上我们全班同学看了话剧《茶馆》。我的自行车让小张借走了，我是坐公共汽车去首都剧场的。

《茶馆》是解放以后老舍先生写的最有名的作品之一。今天的演出非常成功，我们都被它感动了。话剧已经演完了，观众还在不停地鼓掌。大家都很激动，谁也不愿意离开那儿。观众是多么喜欢老舍的作品，老舍先生被大家叫作“人民艺术家”是多么正确啊？

老舍不但在中国很有名，而且在我们国家也有很多人知道他。他的小说《骆驼祥子》已经被翻译成英文、法文，我来中国以前就看过。但是看他的话剧，这还是第一次。

《茶馆》写的是中国旧社会的情况，从一八九八年开始，一共写了五十年的历史。老舍先生自己说过：“一个大茶馆就是一个小社会。”在这个话剧里我们可以看到：爱国的被抓、被杀，劳动人民没有吃的，没有穿的，被逼得卖儿卖女，连茶馆的王掌柜也叫坏人逼得吊死在家里。这是多么黑暗的社会啊！

《茶馆》不但丰富了我们的历史知识，而且也加深了我对新中国的了解。以前李老师说过："不了解中国的昨天，就不能很好地了解中国的今天。"他的话是很正确的。

看了今天的话剧，我们都被老舍作品里的语言吸引住了。我希望以后能有机会研究老舍的语言艺术。

生 词

1. 被	（介）	bèi	*Präp.*
2. 话剧	（名）	huàjù	Schauspiel
3. 感动	（动、形）	gǎndòng	rühren; gerührt
4. 日记	（名）	rìjì	Tagebuch
5. 茶馆	（名）	cháguǎn	Teehaus

6. 让 （介） ràng Präp.

7. 借 （动） jiè leihen

8. 剧场 （名） jùchǎng Theater

9. 作品 （名） zuòpǐn Werk (Lit. und Kunst)

10. …之一 …zhīyī eins von …

11. 演出 （名、动） yǎnchū Aufführung; aufführen

演 （动） yǎn spielen, auftreten

12. 成功 （动） chénggōng gelingen

13. 艺术家 （名） yìshùjiā Künstler

14. 正确 （形） zhèngquè korrekt, richtig

15. 不但…而且…

búdàn…érqiě… nicht nur… sondern auch …

16. 社会 （名） shèhuì Gesellschaft

17. 抓 （动） zhuā verhaften, greifen

18. 杀 （动） shā töten

19. 劳动 （动） láodòng körperliche Arbeit machen, arbeiten

20. 逼 （动） bī zwingen

21. 卖 （动） mài verkaufen

22. 连…也… lián…yě… sogar … (auch)

23. 掌柜 （名） zhǎngguì Geschäftsführer, Ladenbesitzer

24. 叫 （介） jiào *Präp.*

25. 坏 （形） huài schlecht

26. 黑暗 （形） hēi'àn dunkel

27. 吸引 （动） xīyǐn anziehen, fesseln

专 名

1. 首都剧场 Shǒudū Jùchǎng das Hauptstadt-Theater

2. 老舍 Lǎo Shě *Personname*

3. 《骆驼祥子》 《Luòtuoxiángzi》*Romantitel*

补 充 词

1. 开演 （动） kāiyǎn (zu spielen) beginnen (Film etc.)

2. 节目 （名） jiémù Programm

3. 说明书 （名） shuōmíngshū Inhaltsangabe (eines Schauspiels oder Films)

4. 合唱 （名、动） héchàng Chor; im Chor singen

5. 独唱 （名、动） dúchàng Solo (singen)

6. 民乐 （名） mínyuè Volksmusik, chinesische Musik

7. 舞蹈 （名） wǔdǎo Tanz

8. 女高音（名）nǚgāoyīn　　Sopran

9. 演员　（名）yǎnyuán　　Schauspieler

二、注　　释

1. “《茶馆》是解放以后老舍写的最有名的作品之一。”

老舍（1899——1966）原名舒庆春，字舍予，满族人，中国著名的现代作家。他的代表作是《骆驼祥子》。新中国成立以后他创作的话剧《龙须沟》，《茶馆》等深受群众欢迎，被誉为“人民艺术家”。

Lao She war das Pseudonym von Shu Qingchun alias Sheyu, einem bekannten modernen chinesischen Schriftsteller der Man-Nationalität (1899-1966). Sein bekanntestes Werk ist “Kamel Xiangzi”. Nach Gründung des neuen China schrieb er “Der Graben des Drachenbartes”, “Teehaus” und andere Stücke, die beim Publikum außerordentlich beliebt sind. Er wurde mit dem Titel “Künstler des Volkes” geehrt.

2. “他的小说《骆驼祥子》已经被翻译成英文，法文。”

《骆驼祥子》出版于1937年。这部中国现代文学史上著名小说，以三十年代现实生活为背景，通过对洋车夫祥子的悲剧命运的描写，深刻揭露了旧社会的黑暗。

“Kamel Xingzi”, einer der bekannten modernen chinesischen Romane, erschien 1937. Er spielt in der chinesischen Gesellschaft der 30-er Jahre und zeigt die Mißstände dieser dunklen Zeit durch die lebendige Beschreibung der tragischen Erfahrungen des Rikschakulis Xiangzi.

3. “连茶馆的王掌柜也叫坏人逼得吊死在家里。”

副词“也”表示强调。前边常用“连”。“连…也…”含有“甚至”

的意思，如："他连饭也没有吃就去参加运动会了。"

Das Adverb "也" dient oft der Emphase und steht oft nach "连". "连…也…" bedeutet "sogar", wie in "他连饭也没吃就去参加运动会了。"

"掌柜"一词指旧社会商店老板，现在已不用。

"掌柜" bezeichnete früher einen Ladenbesitzer,

三，替换与扩展

（一）

1. 我的自行车让谁骑走了？

你的自行车让他骑走了。

录音机，	借去
汽车，	开走
照相机，	拿去
本子，	拿错
爆竹，	放完

2. 这个话剧怎么样？

好极了。我们都被它感动了。

作品(个)，感动
文章(篇)，感动
年画(张)，吸引住
小说(篇)，吸引住

3. 他被大家叫作什么？

他被大家叫作人民艺术家。

选作，车间主任
看作，最热情的人
叫作，老顾问

4. 这个作品被翻译成英文了吗？

这个作品还没有被翻译成英文。

电影(个)，中文
小说(本)，法文
话剧(个)，英文
文章(篇)，中文

5. 他学习好吗？

他不但学习好，而且工作也很认真。

聪明，	努力
头疼，	发烧
会唱歌，	会演话剧
设计过礼堂，	设计过剧场

6. 她很快就走了吗？

她连茶也没有喝就走了。

饭，	吃
衣服，	换
话，	说
电视，	看

(二)

1. 看演出 Theaterbesuch

A：你早就来了吧？

B：不，我也刚到。咱们进去吧？

A：几点开演*？

B：七点半，还有五分钟。

A：咱们的座位在哪儿？

B：8排6号和8号，从右边走过去吧。

* * *

A：今天有什么节目*？

B：这是说明书*，你看看。

A：不但有合唱*、独唱*，而且还有民乐*、舞蹈*。

B：好极了，我最喜欢听民乐*。

2．谈感想 Eindrücke

A：你觉得今天的演出怎么样？

B：我觉得女高音*独唱*最成功，大家都被她唱的那首民歌吸引住了。我也跟大家一起热烈地鼓掌。

A：女高音*很好，可是那个舞蹈*好象差一点儿，不但演员*跳得不理想，音乐也不太感动人。

3．借书 Ein Buch leihen

A：同志，我想借一本老舍的《茶馆》。

B：对不起，都被借走了。

A：真不巧 (bù qiǎo leider)！连一本也没有了吗？

B：没有了。你留下姓名，有人还书的时候，我们告诉你，好吗？

A：谢谢你，你们服务真周到。

* * *

四，阅读短文

老舍在伦敦

——访问老舍夫人

一天上午，我们来到老舍故居，访问老舍先生的夫人胡絜青 (Hú Jiéqīng)。她给我们谈了谈老舍在伦敦 (Lúndūn London) 的生活情况。

老舍是从一九二四年开始写小说的，他

最早的三部 (bù ZEW) 小说都是在伦敦写成的。

胡絜青先生告诉我们，老舍的父亲(fùqin Vater)死得很早，他母亲给人洗衣服挣点儿钱，家里非常穷 (qióng arm)。他十九岁就开始教书了。

一九二四年，老舍二十五岁。一位英国朋友介绍他去英国工作，他被伦敦大学请去教中文。老舍除了讲课以外，就在学校的图书馆看书，他看了很多英文小说。在看这些文学作品的时候，老舍常常想到自己以前在北京看过和听过的事儿。他把自己了解的人物和故事都写在本子上，这就是他的第一部小说《老张的哲学》(《Lǎozhāngdezhéxué》 "Lao Zhangs Lebensphilosophie")。

后来，作家许地山 (Xǔ Dìshān) 先生到了伦敦，老舍把写在本子上的故事念给他听。

许地山听了以后，非常激动地说："好！写得好！"他把这本小说寄到国内(guónèi einheimisch)，很快就发表(fābiǎo veröffentlichen)了。

听说老舍先生在伦敦教中文的时候，用北京话录过音。老舍夫人说："我真想听听五十多年前老舍的声音(shēnyīng Stimme)啊！"

五，语　法

1. "被"字句 "被"-Sätze

汉语中除了意义上表示被动的句子外，有一种用介词"被、让，叫"等表示被动的句子，叫"被"字句。"被"常用在书面语中，口语中一般用"让"，"叫"。这种句子的主要动词一般总带有其它成分，说明动作的结果，程度，时间等。

Neben Sätzen mit logischem Passiv gibt es einen weiteren Typ von Passivsätzen, sog. "被"-Sätze, die mit der Präposition "被", "让" oder "叫" gebildet werden. "被" findet sich meist in der Schriftsprache, "让" und "叫" im gesprochenen Chinesisch. Das Hauptverb eines "被"-Satzes enthält generell noch andere Elemente, die Resultat, Ausmaß oder Zeit einer Aktion usw. angeben.

当强调主语和动词的被动关系或是要指出施事者时，常用"被"字句。

"被"-Sätze betonen oft die passivische Beziehung zwischen Subjekt und Verb oder bezeichnen den Agenten einer Aktion.

名词或代词（受事）Nomen oder Pronomen (logisches Objekt)	被、让、叫 Präposition“被”，“让”，“叫”	名词或代词（施事）Nomen oder Pronomen (Agent)	动词 Verb	其它成分 Andere Elemente
我的书	让	他	借	去了。
他的纸	叫	风	刮	走了。
这辆车	被	那位司机	修	好了。
他	被	大家	选	作代表了。
王老师	被	人	请	去讲中国文学了。

当施事者不需要说明时，“被”也可以直接用在动词前（但“让、叫”不能直接放在动词前）。例如：

Ist es nicht notwendig, den Agenten anzugeben, dann kann “被” (aber niemals “让”oder “叫”) unmittelbar vor dem Verb stehen. Z.B.:

这本书昨天被借走了。

他被选作车间主任了。

如果有否定副词或能愿动词，都要放在“被”或“让”、“叫”的前边。例如：

Erscheint im Satz ein negatives Adverb oder ein optatives Verb, so steht es gewöhnlich vor “被”, “让” oder “叫”, Z.B.:

这本书还没有被借走。

要是你看了这本小说，也一定会被它吸引住。

2. “不但…而且…” Die Konstruktion “不但…而且…”

“不但…而且…”用在表示递进的复句里。如果两个分句的主语相同，主语一般在第一分句，“不但”放在主语之后；如果两个分句的主语不同，“不但”和“而且”一般分别放在两个分句的主语前边。例如：

“不但…而且…” erscheint grundsätzlich in komplexen durativen Sätzen. Haben zwei Teilsätze dasselbe Subjekt (das gewöhnlich im ersten Teilsatz steht) dann steht “不但” nach dem Subjekt. “不但” und “而且” stehen gewöhnlich vor den jeweiligen Subjekten, wenn zwei Teilsätze unterschiedliche Subjekte haben. Z.B.:

他不但是我的好老师，而且也是我的好朋友。

这个话剧不但写得好，而且演得也很成功。

不但中国人怀念这位艺术家，而且外国人也怀念他。

不但古波和帕兰卡没有去过茶馆，而

且连小张也没有去过。

练　习

1. 读下列词组：Lesen Sie laut:

被这个故事感动了　感动了大家

很感动　感动人

被它吸引住了　吸引了大家　很吸引人

演出话剧　演出京剧　看演出

成功的演出

演话剧　演得很成功　演了两个多小时

演王掌柜

劳动人民　喜欢劳动　参加劳动

劳动了一年

坏人　坏事　坏天气　坏衣服

写坏　用坏

2. 把下列的"被"字句改成主动句：Verwandeln Sie vom Passiv ins Aktiv:

(1) 大家都被这个电影感动了。

(2) 这本小说被她翻译成法文了。

(3) 小说《李自成》让小张借走了。

(4) 帕兰卡被古波送到北京医院去了。

(5) 老舍先生被大家叫作“人民艺术家”。

(6) 买来的冰棍儿都让孩子们吃完了。

3. 把下列“把”字句改成“被”字句：Verwandeln Sie folgende“把”–Sätze in “被”–Sätze:

(1) 工人们把那些活儿干完了。

(2) 同学们把我们的行李拿到宿舍去了。

(3) 古波把小张保持的记录打破了。

(4) 那位老工人把我的自行车修好了。

(5) 李老师把这位新同学介绍给大家。

(6) 进步青年把鲁迅先生看作自己的老师。

4. 完成下列句子：Vervollständigen Sie:

(1) 这儿的春天不但很冷，而且还______。

(2) 老舍先生不但写了很多小说，而且还______。

(3) 学过的汉字不但应该会念，而且______
______。

(4) 老师不但______，而且非常关心我们的身体。

(5) 不但中国人喜欢看《大闹天宫》这个电影，而且______。

(6) 他不但夏天常常去颐和园，而且______
______。

(7) 他的汉语水平很高，连______也能看懂。

(8) 代表团在北京的时间很短，连______也没有去。

5. 翻译下列句子：Übersetzen Sie:

(1) Dies ist einer der bestbekannten chinesischen Filme.（之一）

(2) Diese Aufgaben werden von den dreien erledigt.（被）

(3) Er sieht sich selten ein Theaterstück an. Er weiß nicht einmal, wo das Hauptstadt-Theater ist.（连…也…）

(4) Die Flasche Wein wurde von ihnen ganz ausgetrunken.（让）

(5) Er hat den Künstler nicht nur persönlich getroffen, sondern sich auch mit ihm unterhalten.（不但…而且…）

(6) Er schreibt nicht nur seine Briefe auf Chinsisch, sondern führt sogar ein Tagebuch in Chinesisch.（不但…而且…）

(7) Die Werke jenes jungen Autors sind sehr bewegend.（感动）

(8) Der Stuhl wurde von mir raus auf den Hof getragen.（被）

6. 阅读下面的小故事，然后复述。Lesen Sie die Geschichte und erzählen Sie nach:

一天，阿凡提(Āfántí *Name einer Person*)被他朋友请到家里吃晚饭。客人们都来了，他朋友为客人准备了很多好吃的东西。

坐在阿凡提旁边的一位客人，吃东西吃得又多又快。在别人不注意的时候，他把一些好吃的东西放进自己的口袋(kǒudài Tasche)里。这事儿被阿凡提看见了。

阿凡提拿起茶壶，把茶水倒(dào schütten)进那个人的口袋里。

"阿凡提，您怎么了？您想干什么？"

“您的口袋吃了那么多的东西，一定很想喝水。我想让它喝点儿茶。”

汉字笔顺表

1	被	衤		
		皮（乛 厂 广 皮）		
2	借	亻		
		昔	龷	
			日	
3	品			
4	演	氵		
		寅	宀	
			一	
			由	
			八	
5	功	工		
		力		
6	确	石		礭
		角		

7	而	（一 丆 丆 丙 丙 而）	
8	且		
9	抓	扌	
		爪	
10	杀	ㄨ	殺
		朩	
11	劳	艹	勞
		冖	
		力	
12	逼	畐	
		辶	
13	卖	十	賣
		乛	
		头	
14	连	车	連
		辶	
15	坏	土	壞
		不	
16	暗	日	

		音
17	引	弓
		丨

INFO

Die wichtigsten Dynastien der chinesischen Geschichte

夏 Xià	ca. 21- 16. Jhdt v. Chr.	唐 Táng	618—907
商 Shāng	ca. 16.-11. Jhdt v. Chr.	五代 Wǔdài	907—960
周 Zhōu	ca. 11. Jhdt-256 v. Chr.	宋 Sòng	960—1279
秦 Qín	v. Chr.	辽 Liáo	907—1125
汉 Hàn	206 v. Chr. -220	金 Jīn	1115—1234
三国 Sānguó	220-280	元 Yuán	1271—1368
晋 Jìn	265-420	明 Míng	1368—1644
南北朝 Nán-Běi Cháo	420-589	清 Qīng	1644—1911
隋 Suí	581-618		

第五十课

复　　习

一、课　　文

心中的花儿

昨天在中国美术馆，我参观了一个画展。有一幅画儿，画的是兰花，前边站了很多人，我也走了过去。临摹这幅画儿的

人真不少，最让人注意的是一个十二、三岁的小姑娘。她画得非常认真，一会儿看看那幅画儿，一会儿在自己的本子上一笔一笔地画。兰花很快就画好了，我和旁边的人看了都说："小姑娘画得真不错！"

休息的时候我又见到那个小姑娘。我走过去问她："能把你的画儿给我看看吗？"她不好意思地笑了，小声地对我说："画得不好，请您提提意见吧。"说着，把本子给了我。我打开第一页，上边贴着一张周恩来总理的照片。那是周总理逝世前几天照的，我在很多中国人的家里都看到过这张照片。第二页画了一枝挺立的红莲，旁边还写着"周总理逝世一周年"。我又看第三页，也是花儿，画的是风雪中的红梅。我立刻想到了陈毅的《红梅》诗。第四页是迎春花，第五页、第六页……都是花儿。最后是她刚画的兰花。“这么多花儿，你要画个大花园吗？”我问她。小姑娘笑着说：“我还没画完呢。我不但要画中国的花儿，还要画外国的花儿。我要把世界上最美的花儿画在一起，让周总理永远站在花海中微笑。”

生　词

1. 画展　（名）huàzhǎn　Gemäldeausstellung, Kunstausstellung
2. 兰花　（名）lánhuā　Orchidee
3. 临摹　（动）línmó　kopieren (Kalligraphie oder Gemälde)
4. 笔　（量）bǐ　*ZEW*
5. 打开　dǎ kāi　aufmachen, öffnen
6. 页　（名、量）yè　*ZEW*
7. 总理　（名）zǒnglǐ　Ministerpräsident
8. 逝世　（动）shìshì　versterben
9. 枝　（量）zhī　*ZEW*
10. 挺立　（动）tǐnglì　aufrecht stehen
11. 红莲　（名）hónglián　Roter Lotos

12.	周年	（名）	zhōunián	Jahrestag
13.	迎春花	（名）	yíngchūnhuā	Gelber Jasmin
14.	最后	（名）	zuìhòu	am Ende, zum Schluß
15.	世界	（名）	shìjiè	Welt
16.	海	（名）	hǎi	Meer
17.	微笑	（动）	wēixiào	lächeln

专 名

1.	中国美术馆	Zhōngguó Měishùguǎn	Nationale Chinesische Gemäldegalerie
2.	周恩来	Zhōu Ēnlái	*Personenname*
3.	周总理	Zhōu Zǒnglǐ	Ministerpräsident Zhou

二、注 释

1. "最让人注意的是一个十二、三岁的小姑娘。"

"十二、三岁"的意思是大约十二岁或十三岁。把两个相邻的数目联系在一起，可以表示概数。如"七、八本书"、"去过两、三次"、"五、六千个学生"等。

"十二、三岁" bedeute "zwischen 12 und 13 Jahre alt". Zwei Zahlwörter hintereinander geben oft eine ungefähre Zahl an, wie in "七、八本书", "去过两、三次, "五、六千个学生", etc.

2. "一会儿在自己的本子上一笔一笔地画。"

"Nun zeichnete sie einen Strich nach dem anderen auf ihren Block."

数量词重叠作状语，常用来说明动作的方式。如："他把学过的课文一篇一篇地复习了一遍。”“他们两个两个地练习问答。”

Die Wiederholung von ZW und ZEW hat oft adverbiale Funktion und bezeichnet die Art und Weise einer Aktion, z.B. “他把学过的课文一篇一篇地复习了一遍。”“他们两个两个地练习问答。”

三、看图说话

1. 请你把…

2. …被…

四、语法小结

1. 动词谓语句(2) Sätze mit Verbal-Prädikat (2)

(1) "是…的"句 Sätze mit "是…的"

她是跟贸易代表团来的。

那幅画儿不是今年临摹的。

他们俩是在李老师家过的春节。

(2) 存现句 Existenz-Sätze

后边开过来一辆汽车。

桌子旁边没有摆着椅子。

剧场前边站着很多人。

(3) "把"字句 "把"-Sätze

古波把信给她了。

请大家不要把花儿挤坏。

你把他送到家了吗?

他把这幅画儿卖给了一个外国人。

(4) “被”字句　“被”-Sätze

老舍先生被大家叫作“人民艺术家”。

这个足球叫他们踢坏了。

那本书让古波借走了。

谁来了都会被这儿的风景吸引住。

2. 几种复合句结构　Einige Strukturen in komplexen Sätzen

(1) 表示并列　Gleichschaltung

“有的…有的…”

邮局里人很多，有的坐着写信，有的等着寄东西。

这位青年作家的作品，有的我喜欢，有的我不喜欢。

“又…又…”

顾客走进来都希望吃得又好，花钱又少。

鲁迅先生又是青年的好老师，又是青年的好朋友。

(2) 表示条件 Bedingung

"要是…就…"

要是天气好，就能看得更远。

你要是不太忙，咱们就到外边走走吧。

"一…就…"

她一看见帕兰卡，就说照片上的阿姨来了。

我一着急，就把这件事儿忘了。

"只有…才…"

只有星期天才有空儿出来玩儿。

只有把录音机打开检查一下儿，才能知道哪儿坏了。

(3) 表示因果 Ursache und Resultat

"因为…所以…"

因为最近比较忙，所以这封信写晚了。

他病得很厉害，所以立刻被送到了医院。

(4) 表示转折 Konzessiv

"虽然…但是…"

他虽然老了，但是还愿意多作一些工作。

虽然我们认识的时间不长，但是互相很了解。

(5) 表示递进 Erweiterung

"不但…而且…"

这位艺术家不但在中国很有名，而且在世界上也很有名。

不但看这幅画儿的人很多，而且临摹的人也不少。

(6) 表示加合或排除 Einschluß und Ausschluß

"除了…以外"

除了一张床以外，还有一张旧桌子和两把椅子。

老舍写的话剧，除了《茶馆》以外，他都没看过。

3. 副词"又"、"也" Die Adverbien "又" und "也"

"又" kann anzeigen:

(1) 表示动作已经重复 eine wiederholte Aktion

我们又认识了两位年轻的朋友。

他昨天没有来，今天又没有来。

(2) 表示两件矛盾的事情或情况 zwei Dinge von gegensätzlicher Natur

熊猫头非常大，耳朵又这么小。

你很喜欢看画展，怎么又不想去了？

(3) 表示有所补充 die Bedeutung "außerdem"

古波把信给他，又把桌子上的录音机开开。

他进城参观了画展，又看了一个电影。

(4) 表示两种情况同时存在 die gleichzeitige Existenz zweier verschiedener Umstände

我又饿又累。

今天很热，又没有风。

"也" kann anzeigen:

(1) 表示同样 eine gewisse Ähnlichkeit

他也学习汉语吗？

他喜欢兰花，我也喜欢兰花。

(2) 表示强调语气 Emphase

连王掌柜也被逼得吊死了。

看这个电影，古波也感动得哭了。

练　习

1. 写出能用下列量词修饰的名词：Nennen Sie Nomen, die durch folgende ZEWs bestimmt werden können:

个：__________　　张：__________

件：__________　　条：__________

套：__________　　座：__________

句：__________　　本：__________

双：__________　　只：__________

2. 用下列各组词语作“把”字句： Bilden Sie “把”-Sätze mit folgenden Ausdrücken:

例：打扫　屋子　干净

→我们把屋子打扫干净了。

(1) 建设　自己的国家　好

(2) 检查　练习　一遍

(3) 保持　记录　三年

(4) 穿　鞋　坏了

(5) 挂　　年画　在墙上

(6) 想　　这个问题　一下儿

(7) 带　　《野草》　来

(8) 留　　东西　在家里

(9) 洗　　衣服　干净

(10) 摆　　花儿　在桌子上

3. 把下列"把"字句改成"被"字句：Verwandeln Sie diese "把"-Sätze in "被"-Sätze:

(1) 老师把我们的问题一个一个地讲解清楚了。

(2) 这位大夫把他的病看好了。

(3) 他女儿把邮票收在箱子里了。

(4) 我把一块钱换成了两张五毛的。

(5) 他把这束迎春花画在纸上了。

(6) 大家把七、八本《茶馆》都借走了。

4. 选择合适的连词填入下列句子里：Setzen Sie geeignete Konjunktionen ein:

(1) ______我们坐在前边，______听得很清楚。

(2) ______他岁数大了，______眼睛非常好。

(3) 你______早来五分钟，______能看见他。

(4) ______中国人过春节，______别的亚洲国家有的也过春节。

(5) ______我听不懂广州话，______北京人也听不懂广州话。

(6) ______先学好汉语，______能学好专业。

5. 将下列句子翻译成汉语：Übersetzen Sie:

(1) Sie sind gekommen, um ihren Lehrer ein glückliches Neues Jahr zu wünschen.（是…的）

(2) Es war während des letzten Frühlingsfestes, daß wir ein Familientreffen hatten.（是…的）

(3) Viele Autos waren vor dem Krankenhaus geparkt.（停着）

(4) Er stand draußen und hatte sehr wenig an. Deshalb war ihm kalt.（又）

(5) Er ist ein großer Mann, aber er führt ein einfaches Leben.（又）

(6) Wir mochten diese Kunstausstellung sehr. Herr Li, unser Lehrer, war von ihr auch fesziniert.（也）

(7) Dieser Park ist fürchterlich. Es gibt nicht einmal viele Blumen.（连…也）

(8) Er hat diesen Text Satz für Satz ins Französisch übersetzt.（一句一句地）

6. 改正下列错句：Korrigieren Sie:

(1) 他放那封信在桌上。

(2) 孩子们把故事听高兴了。

(3) 我同学把练习作得很认真。

(4) 我把那个人认识了。

(5) 我们应该把他帮助。

(6) 他把本子没找到。

(7) 我朋友把一本书送给我了。

(8) 练习已经被作完了。

(9) 我把这件事儿作得好。

(10) 我被这个话剧没有感动。

7. 写一篇短文，谈谈你的汉语学习。Schreiben Sie einen Aufsatz über Ihr Chinesischstudium:

五、语音语调

1. 逻辑重音 Logischen Akzent

为了突出句中的主要意思而重读的词语叫逻辑重音。同一个句子因为逻辑重音的位置不同，表达的意义也不同。例如：

Der logische Akzent ist der Typ von Akzent, der auf bestimmte Wörter gelegt wird, um den Hauptgedanken des Satzes hervorzuheben. Ein Satz kann verschiedene Bedeutungen haben, je nachdem, wo der logische Akzent liegt. Z.B.:

我知道你喜欢老舍的话剧。（别人不一定知道）

我知道你喜欢老舍的话剧。（你不用告诉我了）

我知道你喜欢老舍的话剧。（别人喜欢不喜欢我不知道。）

我知道你喜欢老舍的话剧。（你怎么说不喜欢呢）

我知道你喜欢老舍的话剧。（还喜欢不喜欢别人的话剧我不知道）

我知道你喜欢老舍的话剧。（喜欢不喜欢老舍的小说我不知道）

2. 意群重音 Sinngruppenakzent

（1）"把"字句中动词的宾语重读。例如：

In "把"-Sätzen trägt gewöhnlich das Objekt nach dem Verb den Akzent. Z.B.:

古波把信给了她。

他把这张照片送给了鲁迅。

（2）"把"字句中动词后有补语和宾语，宾语重读。例如：

Folgt dem Verb sowohl eine Ergänzung als auch ein Objekt, dann liegt der Akzent auf dem Objekt. Z.B.:

古波把她送到了医院。

她把感想写在留言簿上。

（3）比较长的"把"字句可分为几个意群。介词"把"和它的宾语可作一个意群。"把"字的宾语要重读。例如：

Ein langer "把"-Satz kann in mehrere Sinngruppen unterteilt werden. Die Präposition "把" und ihr Objekt können eine der Sinngruppen bilden. Der Akzent liegt dann auf dem Objekt der Präposition "把". Z.B.:

北京人把这种房子/叫作"老虎尾巴"。

进步青年把鲁迅先生/看作自己的好老师。

我把最大的/给你带来了。

3．朗读下面的寓言：Lesen Sie folgende Fabel laut:

公鸡和狐狸

一天，狐狸(húli Fuchs)看到公鸡(gōngjī Hahn)，它很热情地说："我亲爱的朋友，你好吗？"

公鸡说："谢谢你，我很好。你呢？"

狐狸说："谢谢你，我也很好。你知道吗，现在所有(suǒyǒu alle)的动物都是朋友了？"

公鸡说："那好极了，好极了！"

狐狸说："你不到我家来吗？让我们一起吃早饭吧。"

"好吧。"公鸡说，"你看，那边来了一只狗(gǒu Hund)，让我们也请它来吃早饭吧！"

"狗？"狐狸头也不回就走了。

公鸡笑着说："我亲爱的狐狸，你到哪儿去呀？你不喜欢狗吗？不是所有的动物都是朋友了吗？"

汉字笔顺表

1	临	刂		臨
		𠂉	⺈ 丶	
			罒（冂 罒 罒）	
2	摹	艹		
		日		
		大		
		手		
3	页			頁
4	逝	折	扌	
			斤	
		辶		
5	世	一 十 廿 廿 世		
6	枝	木		
		支	十	
			又	
7	挺	扌		
		廷	壬	

			夂	
8	莲	艹		蓮
		连		
9	界	田		
		介		
10	海	氵		
		每		
11	微	彳		
		⿱山⿱一几	山	
			一	
			几	
		攵		

词 汇 总 表
Vokabelverzeichnis

A

阿姨	（名）	āyí	39
爱	（动）	ài	45

B

把	（介）	bǎ	46
把	（量）	bǎ	47
百	（数）	bǎi	33
摆	（动）	bǎi	48
百货大楼	（专）	Bǎihuò Dàlóu	36
拜年		bài nián	48
*搬	（动）	bān	42
*办公室	（名）	bàngōngshì	47
包	（动）	bāo	46
*包裹	（名）	bāoguǒ	34
薄	（形）	báo	36
保持	（动）	bǎochí	40
爆竹	（名）	bàozhú	48
北边	（名）	běibiān	47

北海	（专）	Běihǎi	32
北京动物园	（专）	Běijīng Dòngwùyuān	45
北京语言学院	（专）	Běijīng Yǔyān Xuéyuàn	31
被	（介）	bèi	49
本	（代）	běn	34
本子	（名）	běnzi	39
逼	（动）	bī	49
鼻子	（名）	bízi	32
笔	（量）	bǐ	50
比较	（副、动）	bǐjiào	43
* 毕业	（动）	bìyè	44
边	（名）	biān	44
遍	（量）	biàn	32
表	（名）	biǎo	32
表	（名）	biǎo	35
别的	（代）	biéde	43
* 别人	（代）	biérén	36
冰棍儿	（名）	bīnggùnr	42
病	（动、名）	bìng	32
病房	（名）	bìngfáng	46
* 病人	（名）	bìngrén	64
不但…而且…		búdàn…èrqié…	49
布	（名）	bù	37
不好意思		bù hǎoyìsi	39
* 布鞋	（名）	bùxié	37
* 不用		bú yòng	31

C

D

动物园	（名）	dòngwùyuán	45
豆腐	（名）	dòufu	43
*独唱	（名、动）	dúchàng	49
*度	（量）	dù	33
*度假		dù jià	44
短	（形）	duǎn	37
对	（介）	duì	39
对不起		duìbuqǐ	41
*对象	（名）	duìxiàng	44
多么	（副）	duōme	44

E

饿	（动、形）	è	43
儿子	（名）	érzi	48
耳朵	（名）	ěrduo	32

F

发烧		fā shāo	46
发展	（动）	fāzhǎn	36
饭馆	（名）	fànguǎn	43
*方便	（形、动）	fāngbiàn	42
方向	（名）	fāngxiàng	38
放	（动）	fàng	34
放(爆竹)	（动）	fàng(bàozhú)	48
放(假)	（动）	fàng(jià)	35
非洲	（专）	Fēizhōu	45

肥	（形）féi	37
肺	（名）fèi	32
肺炎	（名）fèiyán	32
分	（量）fēn	36
风	（名）fēng	33
封	（量）fēng	34
丰富	（形、动）fēngfù	47
风景	（名）fēngjǐng	44
*风俗	（名）fēngsú	48
风味	（名）fēngwèi	43
服务	（动）fúwù	43
幅	（量）fǔ	44
阜城门	（专）Fùchéngmén	47

G

*改	（动）gǎi	47
盖儿	（名）gàir	42
*肝	（名）gān	32
干净	（形）gānjing	48
感动	（动、形）gǎndòng	49
感冒	（动、名）gǎnmào	46
感想	（名）gǎnxiǎng	47
干	（动）gàn	42
刚	（副）gāng	38
钢铁学院	（专）Gāngtiě Xuéyuàn	38
高	（形）gāo	37
各	（代、副）gè	43

H

K

*凉快	(形)	liángkuai	33
*粮食	(名)	liángshi	48
辆	(量)	liàng	37
*亮	(形)	liàng	43
了	(动)	liǎo	42
*料子	(名)	liàozi	37
邻居	(名)	línjū	39
临摹	(动)	línmó	50
零	(数)	líng	36
*零钱	(名)	língqián	36
留	(动)	liú	39
留言		liú yán	47
留言薄	(名)	liúyánbù	47
隆冬	(名)	lóngdōng	33
*路口	(名)	lùkǒu	38
录音		lù yīn	46
录音机	(名)	lùyīnjī	46
*旅馆	(名)	lǚguǎn	41
旅行	(动)	lǚxíng	44
*绿灯	(名)	lǜdēng	43
《骆驼祥子》	(专)	《Luòtuoxiángzi》	49

M

麻烦	(动、形)	máfan	48
马	(名)	mǎ	38
马路	(名)	mǎlù	38
卖	(动)	mài	49

N

年	（名）	nián	48
年画儿	（名）	niánhuàr	43
*年夜饭	（名）	niányèfàn	48
*牛	（名）	niú	47
牛奶	（名）	niúnǎi	43
女高音	（名）	nǚgāoyīn	49
*暖和	（形）	nuǎnhuo	33

P

爬	（动）	pá	44
怕	（动）	pà	33
排队		pái duì	38
牌子	（名）	páizi	34
《彷徨》	（专）	《Pánghuáng》	47
*胖	（形）	pàng	37
跑	（动）	pǎo	38
培养	（动）	péiyǎng	47
篇	（量）	piān	47
便宜	（形）	piányi	36
*片	（量）	piàn	46
平安里	（专）	Píng'ānlǐ	38
*平方米	（量）	píngfāngmǐ	42
*平信	（名）	píngxìn	34

Q

骑	（动）	qí	37

齐白石	（专）	Qí Báishí	36
奇怪	（形）	qíguài	35
* 旗袍	（名）	qípáo	37
旗子	（名）	qízi	40
汽车	（名）	qìchē	38
千	（数）	qiān	42
钱	（名）	qián	35
墙	（名）	qiáng	34
敲	（动）	qiāo	33
桥	（名）	qiáo	44
亲爱	（形）	qīn'ài	48
亲切	（形）	qīnqiè	43
青	（形）	qīng	44
清楚	（举）	qīngchu	41
青年	（名）	qīngnián	47
晴	（形）	qíng	33
情况	（名）	qíngkuàng	35
屈服	（动）	qūfú	33
全	（形）	quán	48
* 群众	（名）	qúnzhòng	47

R

让	（介）	ràng	49
热	（形）	rè	33
热烈	（形）	rèliè	40
人民大会堂	（专）	Rénmín Dàhuìtáng	42
人民英雄纪念碑	（专）	Rénmín Yīngxióng Jìniànbēi	42

人物	（名） rénwù	44
日记	（名） rìjì	49

S

《三国演义》	（专） 《Sānguóyǎnyì》	44
三里河	（专） Sānlǐhé	38
三里屯	（专） Sānlǐtún	38
扫	（动） sǎo	48
杀	（动） shā	49
山	（名） shān	41
上(次)	（名） shàng(cì)	37
上海	（专） Shànghǎi	31
社会	（名） shèhuì	49
社会主义	（名） shèhuìzhǔyì	31
设计	（动） shèjì	47
生	（动） shēng	44
生产	（动） shēngchǎn	36
生活	（名、动） shēnghuó	47
生命	（名） shēngmìng	32
圣诞节	（专） Shèngdànjié	48
诗	（名） shī	33
师傅	（名） shīfu	43
狮子	（名） shīzi	42
石(头)	（名） shí(tou)	42
时间	（名） shíjiān	31
实现	（动） shíxiàn	31
使者	（名） shǐzhě	45

市	（名）	shì	34
世界	（名）	shìjiè	50
逝世	（动）	shìshì	50
收	（动）	shōu	34
* 收据	（动）	shōujù	34
收拾	（动）	shōushi	48
* 收音机	（名）	shōuyīnjī	34
首	（量）	shǒu	33
手	（名）	shǒu	46
首都	（名）	shǒudū	31
首都国际机场	（专）	Shǒudū Guójì Jīchǎng	31
首都剧场	（专）	Shǒudū jùchǎng	49
手续	（名）	shǒuxù	31
瘦	（形）	shòu	37
售货员	（名）	shòuhuòyuán	36
* 售票处	（名）	shòupiàochù	41
售票员	（名）	shòupiàoyuán	39
舒服	（形）	shūfu	46
* 书架	（名）	shūjià	39
叔叔	（名）	shūshu	39
暑假	（名）	shǔjià	35
树	（名）	shù	33
* 说明书	（名）	shuōmíngshū	49
司机	（名）	sījī	41
死	（动）	sǐ	41
虽然	（连）	suīrán	39
岁数	（名）	suìshu	42

T

它	（代）	tā	44
它们	（代）	tāmen	45
塔	（名）	tǎ	44
太极拳	（名）	tàijíquán	40
太阳	（名）	tàiyang	44
*探亲		tàn qīn	44
糖	（名）	táng	43
唐山	（专）	Tángshān	36
躺	（动）	tǎng	46
套	（量）	tào	36
疼	（形）	téng	46
藤野	（专）	Téngyě	47
提	（动）	tí	43
提高	（动）	tígāo	36
体温	（名）	tǐwēn	46
天	（名）	tiān	44
天安门	（专）	Tiān'ānmén	34
天安门广场	（专）	Tiān'ānmén Guǎngchǎng	41
天气	（名）	tiānqì	31
*填	（动）	tián	32
*条子	（名）	tiáozi	39
跳	（动）	tiào	44
贴	（动）	tiē	48
听说		tīng shuō	41
挺立	（动）	tǐnglì	50

* 胃	（名）	wèi	32
为什么		wèi shénme	34
文学家	（名）	wénxuéjiā	47
文章	（名）	wénzhāng	47
屋(子)	（名）	wū(zi)	48
* 舞蹈	（名）	wǔdǎo	49
* 雾	（名）	wù	33

X

西边	（名）	xībiān	41
西三条	（专）	Xīsāntiáo	47
希望	（动、名）	xīwàng	31
吸引	（动）	xīyǐn	49
* 西装	（名）	xīzhuāng	37
* 习惯	（动、名）	xíguàn	33
洗	（动）	xǐ	41
洗(照片)	（动）	xǐ(zhàopiān)	42
下	（动）	xià	38
下(星期)	（名）	xià(xīngqī)	37
下(雨)	（动）	xià(yǔ)	33
下边	（名）	xiàbiān	34
* 夏历	（名）	xiàlì	48
先	（副）	xiān	32
现代化	（名）	xiàndàihuà	31
香山	（专）	Xiāngshān	33
象	（名）	xiàng	45
向导	（名）	xiàngdǎo	41

Y

亚洲	（专）Yàzhou	45
颜色	（名）yánsè	37
演	（动）yǎn	49
演出	（名、动）yǎnchū	49
眼睛	（名）yǎnjīng	32
*演员	（名）yǎnyuán	49
阳阳	（专）Yángyang	48
样子	（名）yàngzi	45
药	（名）yào	46
要不	（连）yàobù	37
*药方	（名）yàofāng	46
*药剂士	（名）yàojìshì	46
要是	（连）yàoshì	41
爷爷	（名）yéye	42
《野草》	（专）《Yěcǎo》	47
页	（名、量）yè	50
叶子	（名）yèzi	33
衣服	（名）yīfu	3
*衣柜	（名）yīguì	39
一…就…	yī…jiù…	39
医务所	（名）yīwùsuǒ	32
医院	（名）yīyuàn	46
遗产	（名）yíchǎn	47
一共	（副）yígòng	36
颐和园	（专）Yíhéyuán	33

一会儿	(名)	yíhuìr	41
一样	(形)	yíyàng	37
已经	(副)	yǐjīng	31
以前	(名)	yǐqián	32
意见	(名)	yìjiàn	43
艺术	(名)	yìshù	42
艺术家	(名)	yìshùjiā	49
意思	(名)	yìsi	39
*阴天	(名)	yīntiān	33
因为	(连)	yīnwei	48
迎春花	(名)	yíngchūnhuā	50
营业	(动)	yíngyè	34
营业员	(名)	yíngyèyuǎn	34
永远	(副)	yǒngyuǎn	39
油饼	(名)	yóubǐng	43
邮局	(名)	yóujú	34
邮票	(名)	yóupiào	34
有的	(代)	yǒude	34
有(一)点儿		yǒu(yī)diǎnr	43
愉快	(形)	yúkuài	39
雨	(名)	yǔ	33
语言	(名)	yǔyán	31
*雨衣	(名)	yǔyī	37
玉	(名)	yù	36
*预报	(动)	yùbào	33
园林	(名)	yuánlín	44
元宵	(名)	yuánxiāo	43
*元宵节	(专)	Yuánxiāojié	48

Z

正确	(形)	zhèngquè	49
之	(助、代)	zhī	43
只	(量)	zhī	45
枝	(量)	zhī	50
知识	(名)	zhīshi	32
…之一		…zhīyī	49
指	(动)	zhǐ	34
只	(副)	zhǐ	36
只有	(连)	zhǐyǒu	44
质量	(名)	zhìliàng	36
钟	(名)	zhōng	31
终点	(名)	zhōngdiǎn	38
中国历史博物馆	(专)	Zhōngguó Lìshǐ Bówùguǎn	42
中国美术馆	(专)	Zhōngguó Měishùguǎn	50
中间	(名)	zhōngjiān	42
中山装	(名)	zhōngshānzhuāng	37
中式	(名)	zhōngshì	37
种	(量)	zhǒng	36
重	(形)	zhòng	42
种	(动)	zhòng	46
粥	(名)	zhōu	43
周到	(形)	zhōudào	41
周恩来	(专)	Zhōu Enlái	50
周年	(名)	zhōunián	50
周总理	(专)	Zhōu Zǒnglǐ	50
株	(量)	zhū	47
竹(子)	(名)	zhú(zi)	45
主任	(名)	zhǔrèn	39

练 习 答 案

Schlüssel

第三十一课

2.（1）参观了三个半小时　（2）教了四十多年了
（3）开了半个小时　（4）写了两年多了
（5）在北京（住）两年　（6）睡八个半小时

5.（1）去年秋天那个留学生第一次回国。
（2）他下午两点开始参观，参观了两个小时。
（3）我们每星期学习六天，休息一天。
（4）晚上他有时候看半小时电视，有时候听一刻多钟的新闻。
（5）这本语法书他已经翻译了两个多月了。
（6）今年夏天我没有在上海住很长时间，我在那儿住了几天。
（7）中国留学生为实现四个现代化努力学习。

第三十二课

3.（1）遍　（2）次　（3）遍　（4）次　（5）下儿
（6）下儿　（7）次，次

第三十三课

4.（1）我离开家的时候天气很好，现在刮风了，快要下雨了。
（2）以前有人告诉我中国的梅花很好，也很好看。
（3）天气热了，可以去游泳了。你去吗？
（4）今天下午我很忙，有个朋友要来看我。

(5)最近天天都刮风。

(6)他不怕冷。很怕热。

(7)他以前当翻译，现在当老师了。

(8)我觉得这儿的夏天最好。

(9)这本书我再看一星期，可以吗？

(10)他病了，从星期一到今天没有来上课。

第三十四课

2.(1)挂着　(2)放着　(3)开着　(4)拿着

(5)穿着　(6)站着　(7)指着　(8)开着

3.(1)有的人，有的人　(2)有的，有的

(3)有的同学　(4)有时候，有时候

4.(1)我去邮局的时候，那位营业员总是热情地帮助我。

(2)孩子哭着说："我不去学校。"

(3)你知道怎么样用筷子吗？

(4)银行的柜台前边站着很多人。

(5)大夫仔细地检查了他的身体以后笑着说："你的心脏、血压都很正常。"

(6)他一听，觉得这个歌儿非常好。

(7)你看，这个汉字应该这样写。

(8)你为什么喜欢梅花？

第三十五课

1. 天：今天，昨天，明天，春天，夏天，秋天，冬天，晴天

学：学生，留学生，同学，学习，大学，学院，学校

文：中文，英文，法文，课文，文化，文学

假：暑假，寒假，放假，假期

语：汉语，英语，法语，外语，口语，语法，成语，语言

饭：吃饭，早饭，午饭，晚饭

2.(1)热情地　(2)认真地　(3)着急地　(4)高兴地

（5）大声地 （6）更多地

3.（1）就 （2）再 （3）还 （4）再 （5）还
（6）再 （7）还 （8）又 （9）还 （10）还

4.（1）他今天穿着一双新鞋。
（2）这位营业员以前在那个邮局工作过。
（3）学了这首诗你可以了解一点儿这位作家的情况。
（4）大夫正给他看病呢。
（5）梅花快要开了。
（6）谁在敲门呢？
（7）刮风了，快要下雨了。
（8）你拿过这儿的图片吗？
（9）他利用假期工作，挣了一些钱。
（10）别站着了，请坐吧。

5. 着，着，着，着
了，了，着，过，着，过，着，了
了，了，了，了

6.（1）他病了很长时间了。
（2）这个问题应该这样回答。
（3）小张在河边钓着鱼呢。
（4）那个电影我看了两次。
（5）他在前边站着。
（6）他以前到英国学过英文。
（7）我以前不会照相，现在会照相了。
（8）古波要努力（地）学习中文。

第三十六课

2.（1）这种笔比那种（笔）便宜。
（2）他的历史知识比我（的历史知识）多。
（3）这学期他比我进步得快。（这学期他进步得比我快。）

（4）我每天比他睡得早。

（5）他比他朋友大。

（6）古波看中国电影比帕兰卡看得多。

（7）今天比昨天（更）热。

（8）他妹妹比他（更）会开车。

3.（1）那种自行车的质量没有这种（自行车）好。

（2）我去年没有今年忙。

（3）我们学校的邮局没有这个邮局大。

（4）我的成绩没有他好。

（5）这个男同志写字没有那个女同志写得好看。

（这个男同志没有那个女同志写字写得好看）

（这个男同志写字写得没有那个女同志好看。）

（6）我身体没有我同学健康。

第三十七课

2.（1）他的工作跟他爱人一样。

（2）我以后学的专业跟我朋友（学的）一样。

（3）古波买的词典跟帕兰卡（买的）一样。

（4）小王跟小张一样大。

（5）他学法语的时间跟你一样长。

（6）我跟我弟弟一样高。

3.（1）老工厂多多少工人，老工厂多

（2）这件长多少，这件长

（3）他妹妹大几岁，他妹妹大

（4）这辆便宜多少钱，这辆便宜

（5）他同学早到学校几分钟，他同学早到

（6）他们班少学了多少课，他们班少学了

5.（1）这种布多少钱一米？

（2）你的鞋比我的小一点儿，我穿不太合适。

（3）这个店定作的衣服比那个店好看得多。

（4）这个月比上月冷一些。

（5）今天晚了，下次我再来吧。

（6）明天你能骑车来吗？要不，我开车去接你？

第三十八课

2．听　听见

（1）听，听见，听见

（2）听，听见，听见

（3）听，听，听

看　看见

（1）看，看见，看见

（2）看见

（3）看，看见，看，看见

3．（1）懂　（2）对　（3）到（懂）（4）错　（5）好（6）会

5．（1）老师，“带”字怎么写？

（2）他刚起床，还没有吃早饭呢。

（3）你知道这是什么方向吗？这是南边。

（4）这个词中文怎么说？

（5）他讲语法讲得怎么样？

（6）这件衣服太肥，请您给我换一件，好吗？

（7）你跑得比我快得多。

第三十九课

2．（1）锻炼完，锻炼完

（2）谈完，谈完

（3）找到（照片），找到

（4）接到（你叔叔），没有接到

（5）记住，我还没有记住

3．（1）他找了一上午，还没有找到那个地方。

(2)星期六晚上,他们跳完舞已经快十二点了。

(3)今年暑假他要留在北京。

(4)李老师对同学们非常关心。

(5)请大家明天交练习本子。

(6)这句话是什么意思?

(7)这位售票员对大家非常热情。

(8)虽然在她家的时间不长,但是他们过得很愉快。

(9)这个意思中文怎么说?

(10)丁云一收到帕兰卡的信就给她回了一封信。

第四十课

1.上飞机,上火车,上汽车,上电车,上楼,上课

下飞机,下火车,下汽车,下电车,下楼,下课,

下雨,下雪

开门,开车,开花,开学

打电话,打球,打太极拳

接电话,接球,接信,接人

看书,看报,看电影,看电视,看京剧,看朋友,

看病,服务员,营业员,售票员,售货员,运动员

孩子,桔子,裙子,房子,桌子,椅子,筷子,

箱子,鼻子,叶子,牌子,绸子,本子,旗子

2.(1)这个车间比那个车间大。

(2)语言学院的学生比钢铁学院的学生少得多。

(3)帕兰卡骑自行车没有古波骑得快。

(4)这套衣服比那套便宜十二块钱,这套的质量没有那套好。

(5)这个工厂的生产发展得没有那个工厂快?

(6)这辆汽车的颜色跟那辆一样。

(7)你听的故事跟我讲的一样不一样?

（8）他学过的生词跟你一样多，可是他记住的生词没有你多。

（9）我们班上小王打太极拳打得最好。

（10）我更喜欢看京剧。

3.（1）吗，了　　（2）了，吧

（3）吗，呢　　（4）呢，吧

（5）了，呢

4.（打）完，　（收）到，　（上）完，　（骑）到，

（看）见，　（站）在，　（坐）在，　（跑）到

6.（1）新马路比旧马路长。

（2）这个公园比那个公园大一点儿。

（3）今天晚上我作完了练习就看电视。

（4）这套茶具跟那套一样。

（5）他听见有人敲门。

（6）今天比昨天冷。

（7）我看见他在那儿。

（8）他这次考试成绩不比她高。

（9）哥哥比妹妹大三岁。

（10）她爸爸希望他们学好中文。

第四十一课

2.（1）去　（2）去　（3）来　（4）去　（5）来

3.（1）就下来（就来）　（2）就过来欢迎他们

（3）就穿了一件薄衣服　（4）就去买了三本回来

（5）就不会坐错了车了　（6）就不定作棉袄了

4.（1）对不起，我忘了这件事儿了。

（2）对不起，我想打个电话，可以吗？

（3）运动会九点才开始呢，他八点就到操场来了。

（4）这个建筑我早就听说了，今天才有机会来参观。

（5）小张不在家，他刚出去，一会儿就回来。

（6）我不进去了，请你告诉他：明天我们到故宫去。

（7）上月哥哥给我买来了两本中国小说，我给妹妹送去了一本。

（8）要是公共汽车太挤，我们就骑自行车去。

5.（1）早早 （2）客客气气 （3）清清楚楚

（4）漂漂亮亮 （5）认认真真

第四十二课

2.（1）得见，不见 （2）得动，得动 （3）得下，得下

（4）得了，不了 （5）得到，不到 （6）得到，得到

（7）得了，得了 （8）得去，不去

3.（1）老师用中文讲语法，你听得懂听不懂？

他讲得很慢，也很清楚，我听得懂。

（2）学校的礼堂坐得下坐不下两千人？

这个礼堂很大，坐得下两千人。

（3）今天上午见得到见不到那位顾问？

上午他去检查工作了，见不到他。

（4）你们学院修建的新楼今年完得成完不成？

工人们都在努力干，今年完得成。

（5）我们不坐车了，你走得动走不动？

路不太远，我走得动。

（6）这个照相机的镜头修得好修不好？

没问题，这个照相机的镜头修得好。

（7）这首古诗的意思你看得懂看不懂？

这首古诗生词很多，我看不懂。

（8）他们的问题你现在回答得了回答不了？

我要想一想，我现在回答不了。

5. 七千五百六十二 八千零五十

一千一（百）　　一万

6.（1）这座城已经有三千多年的历史了。

（2）这条马路有多宽？听说最宽的地方有一百米。

（3）那个工人还没有来，现在礼堂的门开不开。

（4）这是典型的中国古典音乐。

（5）你这么喜欢艺术，为什么学习语言专业呢？

（6）他今天这么忙，我以后再去找他吧。

第四十三课

2.（1）过来，过去　（2）进去　（3）下来，过来

（4）起来　　　（5）下来　（6）上来（过来）

（7）回去　　　（8）出来　（9）回，去

3.（1）上来　（2）出去　（3）回来　（4）下来

（5）进，去　（6）上，去，下来　（7）出，来

（8）回，去

5.（1）他今天干了一天的活儿，现在有点儿饿了。

（2）今天比较冷，你的衣服够不够？

（3）这儿还有别的饭馆吗？

（4）他又会照相，又会洗照片。

（5）本市今年修建了好几条新马路。

（6）上海风味的菜不是很好吃吗？

（7）他对各种顾客都服务得很周到。

第四十四课

2.（1）她是昨天晚上去广州的。

（2）他是坐公共汽车去的天安门。

（3）她是跟她母亲一起去颐和园的。

（4）不，他是从日本坐船来的。

（5）不，他是到中国来旅行的。

（6）他是为帮助建设工厂来南京的。（他是来帮助建设

工厂的。）

4.（1）他是什么时候决定来中国旅行的？

（2）时间过得多么快啊！

（3）只有学好古汉语，才能研究中国的古诗。

（4）我们多么希望明天能出太阳啊！

（5）看球赛的时候，观众激动得大声地喊。

（6）春天来了，公园里的树一天比一天绿了。

第四十五课

1. 花园，公园，动物园，颐和园，园林

图书馆，咖啡馆，大使馆，饭馆，博物馆，熊猫馆

阅览室，卧室

操场，广场，机场

食堂，礼堂，人民大会堂

客厅，餐厅

厨房，书房，房子，房间

4.（1）就，才（2）才（3）才（4）就（5）就（6）才

5.（1）他们的孩子非常可爱。

（2）他想去动物园，又想去颐和园，到现在还决定不了。

（3）我是三年前离开农村的，后来就到这个工厂工作了。

（4）他希望学会画画儿，又不愿意花时间练习，所以总是学不好。

（5）他戴着一顶可笑的帽子。

（6）这张珍贵的照片是二十年以前照的。

6.（1）＋（2）－（3）＋（4）－（5）－

（6）－（7）＋（8）－（9）－（10）＋

第四十六课

2.（1）我把窗户开开了。

（2）我已经把这本小说看完了。

（3）她把你的录音机带来了。

（4）小兰已经把葡萄洗好了。

（5）他已经把这本杂志送给我了。

（6）他已经把这件事儿告诉我了。

3.（1）他把这封航空信寄走了。

（2）他把这些东西包好了。

（3）他把上一课的生词记住了。

（4）他把一百米的记录打破了。

（5）他把这个故事讲完了。

（6）他把他朋友送回家了。

4.（1）他们今年能把这座楼修建好吗？

（2）我可以把这本小说带回去吗？

（3）你放心，我不会把这件事忘了。

（4）他不知道大夫能不能把他的病看好。

（5）小兰帮助姥姥把客人留住了。

（6）天冷了，你应该把棉袄穿上了。

（7）他在花园里种了很多花儿，又种了一些树。

（8）我今天头疼，又有点儿咳嗽。

（9）打了针以后她觉得舒服多了。

（10）我们这学期比上学期忙多了。

第四十七课

2.（1）带到　（2）作成　（3）写在　（4）翻译成

（5）挂在　（6）送到　（7）交给　（8）看作

5.（1）除了小说以外，鲁迅还写了很多文章。

（2）看了这篇文章以后，你有什么感想？

（3）除了鱼以外，别的菜她都爱吃。

（4）青年们的文化生活比以前丰富多了。

（5）除了这个故居以外，鲁迅在北京还住过三个地方。

(6) 这个学院为国家培养了很多大夫。

6. (1) 拉，推到 (2) 拉到 (3) 拉到 (4) 推到

(5) 推到，拉到 (6) 拉，推到

第四十八课

2. (1) 院子打扫得很干净。

(2) 写着“恭贺新禧”四个大字的灯笼挂在门口。

(3) 饭菜都准备好了。

(4) 这件礼物送给了外国阿姨。

(5) 爆竹都放完了。

(6) 饺子很快包好了。

(7) 李老师写的春联贴在门上了。

(8) 糖、点心、茶具都摆好了。

4. (1) 谁见了都喜欢 (2) 哪儿也不想去

(3) 怎么走也找不到要去的地方

(4) 谁也不想去看 (5) 哪儿也买不到

(6) 什么也看不见 (7) 什么也没有

(8) 怎么找也找不到

6. (1) 桌上的菜摆得很好看。

(2) 他们第一次在外国过圣诞节。

(3) 因为他刚参加了球赛，所以比较累。

(4) 这次考试我们全班同学的成绩都很好。

(5) 她很少生病，她的身体比较健康。

(6) 因为春节是全家团聚的节日，所以他很想家。

(7) 他什么都想学，可是什么都学得不太好。

(8) 这个问题你怎么回答都可以。

第四十九课

2. (1) 这个电影感动了大家。

(2) 他把这本小说翻译成德文了。

(3) 小张把小说《李自成》借走了。

(4) 古波把帕兰卡送到北京医院去了。

(5) 大家把老舍先生叫作“人民艺术家”。

(6) 孩子们把买来的冰棍儿吃完了。

3. (1) 那些活儿被工人们干完了。

(2) 我们的行李被同学们拿到宿舍去了。

(3) 小张保持的记录被古波打破了。

(4) 我的自行车被那个老工人修好了。

(5) 这位新同学被李老师介绍给大家了。

(6) 鲁迅先生被进步青年看作自己的老师。

4. (1) 常常刮风 (2) 写了很多话剧

(3) 应该会写 (4) 关心我们的学习

(5) 外国人也喜欢看 (6) 冬天他也常常去

(7) 古典小说 (8) 颐和园

5. (1) 这是中国最有名的新电影之一。

(2) 这些工作已经被他们三个人完成了。

(3) 他很少看话剧，连首都剧场在哪儿也不知道。

(4) 这瓶酒让他们喝完了。

(5) 他不但见过这位艺术家，而且还跟他谈过话。

(6) 他不但用中文写信，而且也用中文写日记。

(7) 这个青年作家的作品非常感动人。

(8) 那把椅子被我放到院子里了。

第五十课

1. 个：代表 售货员 邻居 叔叔 客人 观众 青年
司机 人物 艺术家 动物 学校 湖 车间
公园 礼堂 饭馆 座位 邮局 窗口 操场
亭子 建筑 广场 剧场 机会 情况 意见
感想 专业 故事 记录 作品 展览 礼物

灯笼　话剧　暑假　寒假　假期　学期　春节
小时　星期　月　信封　牌子　本子　照相机
盖儿　茶碗　茶壶　耳朵　鼻子　油饼

张：画儿　年画　表　图片　邮票　奖状　地图　照片
桌子　床

件：中山装　棉袄　衬衫　东西

条：路　马路　腿　尾巴　船　裙子

套：茶具　明信片　瓷器　邮票

座：建筑　山　塔　桥　楼

句：话　中文　成语

本：小说　日记　本子

双：鞋　手　脚　筷子

只：手　脚　熊猫　狮子　老虎　兔子

4. (1) 因为，所以　(2) 虽然，但是　(3) 要是，就
(4) 除了，还有　(5) 不但，而且　(6) 只有，才

5. (1) 他们是来给老师拜年的。
(2) 我们全家是今年春节团聚的。
(3) 医院外边停着很多车。
(4) 他衣服穿得很少，又站在外边，所以觉得很冷。
(5) 他是一个伟大的人，又是一个简朴的人。
(6) 我们很喜欢这个画展，李老师也被它吸引住了。
(7) 这个公园没有意思，连花儿也很少。
(8) 他把这篇课文一句一句地翻译成德文。

6. (1) 他把那封信放在桌上。
(2) 孩子们听故事听得很高兴。
(3) 我同学作练习作得很认真。
(4) 我认识那个人了。
(5) 我应该帮助他。

(6) 他没把本子找到。

(7) 我朋友把这本书送给我了。

(8) 练习已经作完了。

(9) 我作得好这件事情。

(10)我没有被这个话剧感动。

图书在版编目(CIP)数据

实用汉语课本. 2：德文译释 / 刘旬，邓恩明，刘社会编著.—北京：商务印书馆，1994.8(2001 重印)

ISBN 7-100-01682-7

Ⅰ.实... Ⅱ.①刘...②邓...③刘... Ⅲ.对外汉语教学—教材 Ⅳ.H195.4

中国版本图书馆 CIP 数据核字（2001）第 057548 号

实用汉语课本

（德语译释）

第 二 册

*

北京语言学院编

商务印书馆出版

（中国北京王府井大街 36 号 邮政编码 100710）

北京第二新华印刷厂印刷

中国国际图书贸易总公司发行

（中国北京车公庄西路 35 号）

（北京邮政信箱第 399 号 邮政编码 100044）

1994 年 8 月第 1 版

2001 年 9 月北京第 2 次印刷

ISBN 7-100-01682-7/G·236

02900

9-G-1577PB